NATURE SHOT

Photos of Flowers

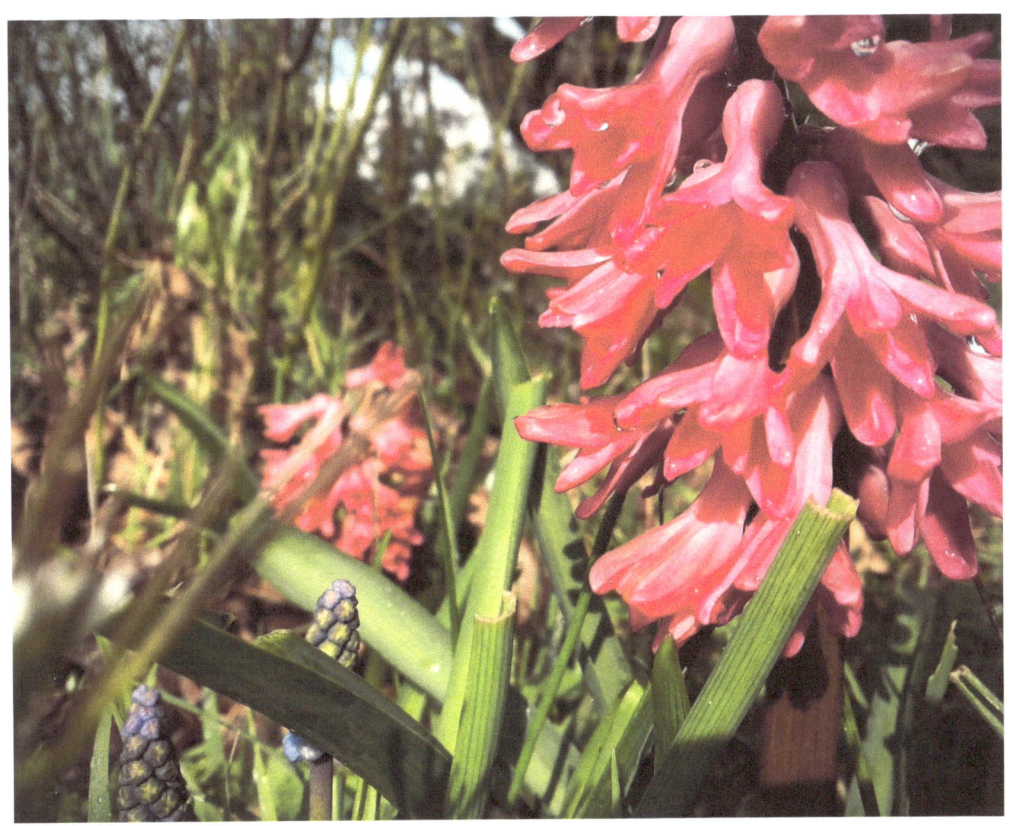

By

Alicia Foster

NATURE SHOT: Photos of Flowers
Copyright 2016 by Alicia Foster

Nature Shot

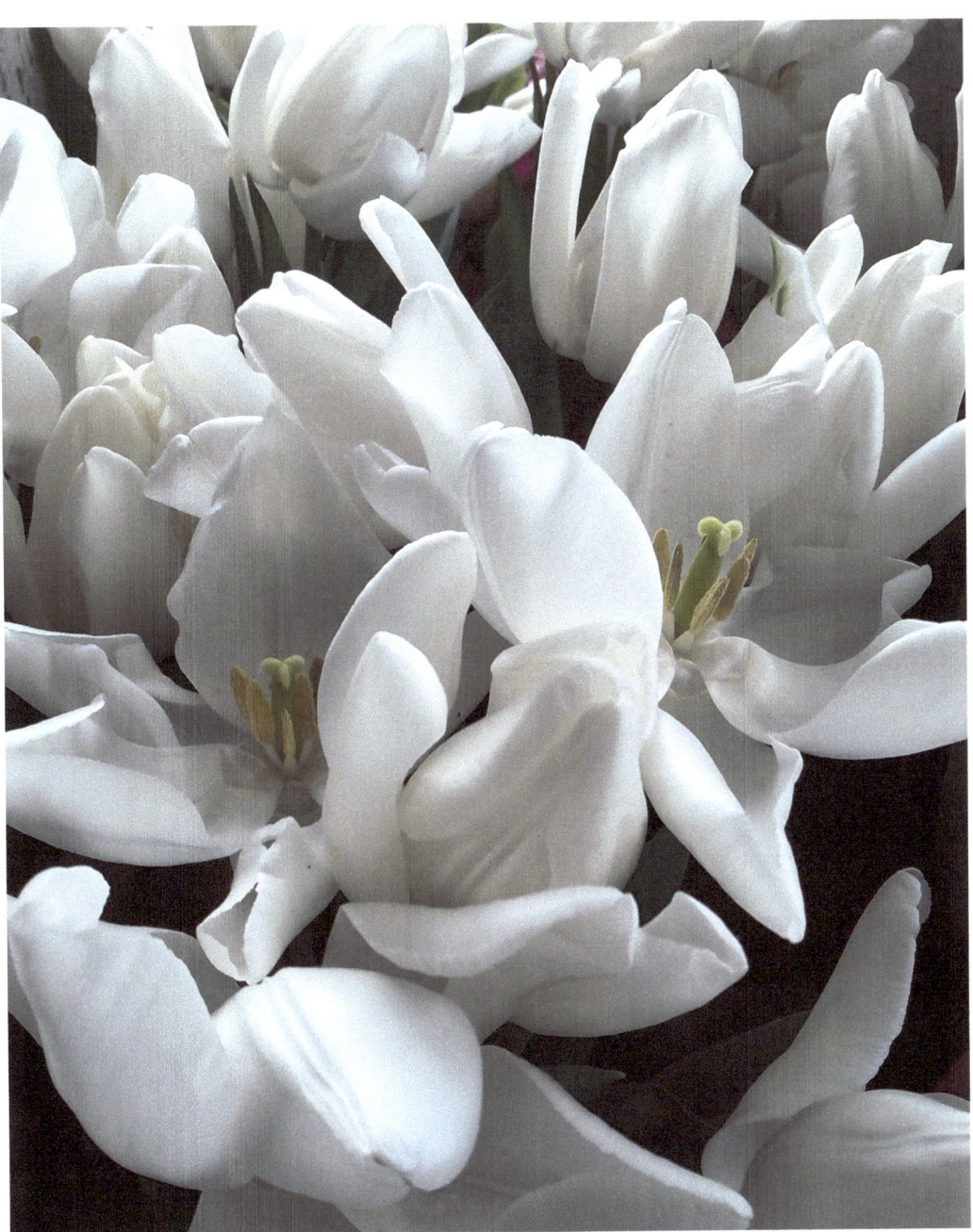

Nature Shot

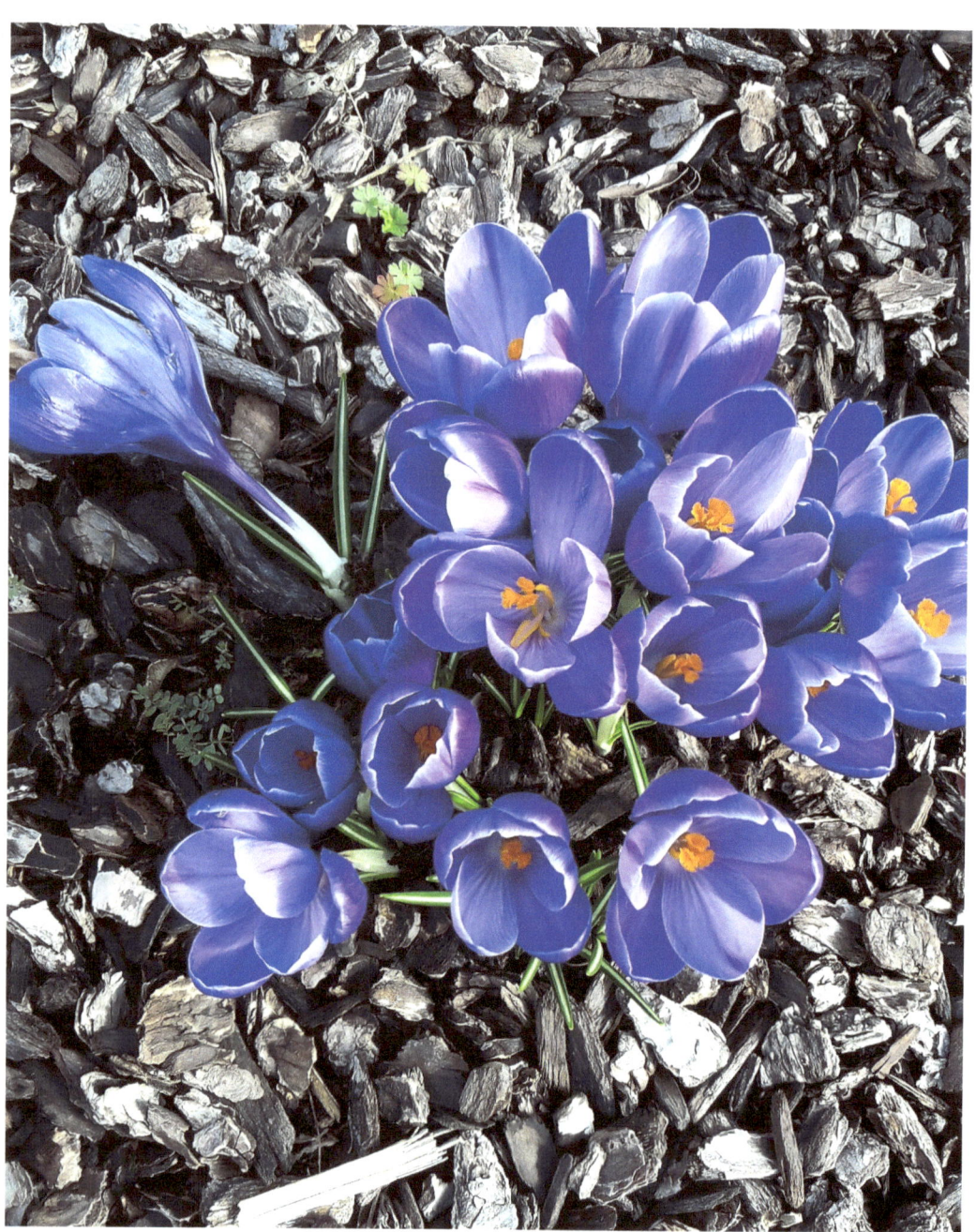

Nature Shot

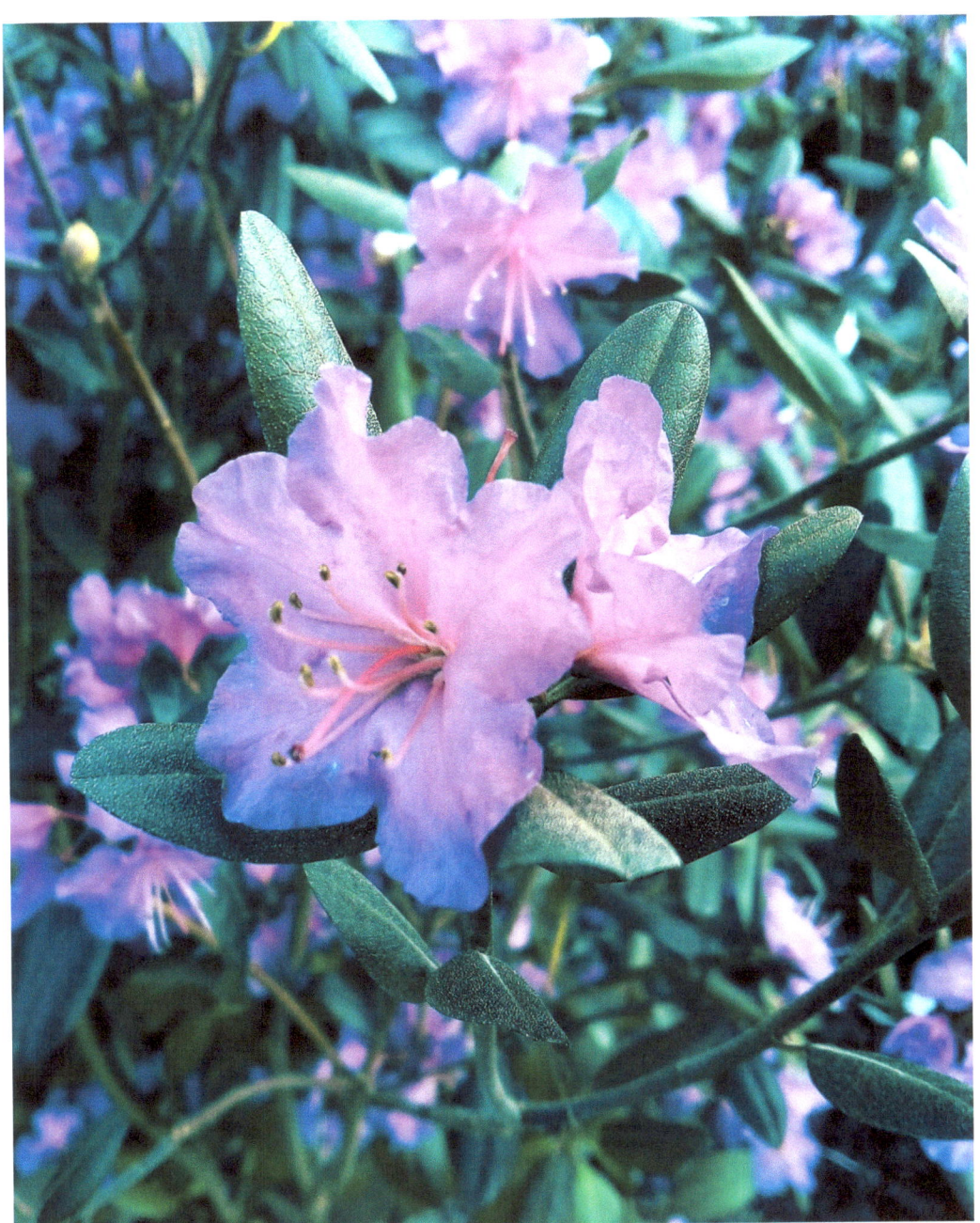

Nature Shot

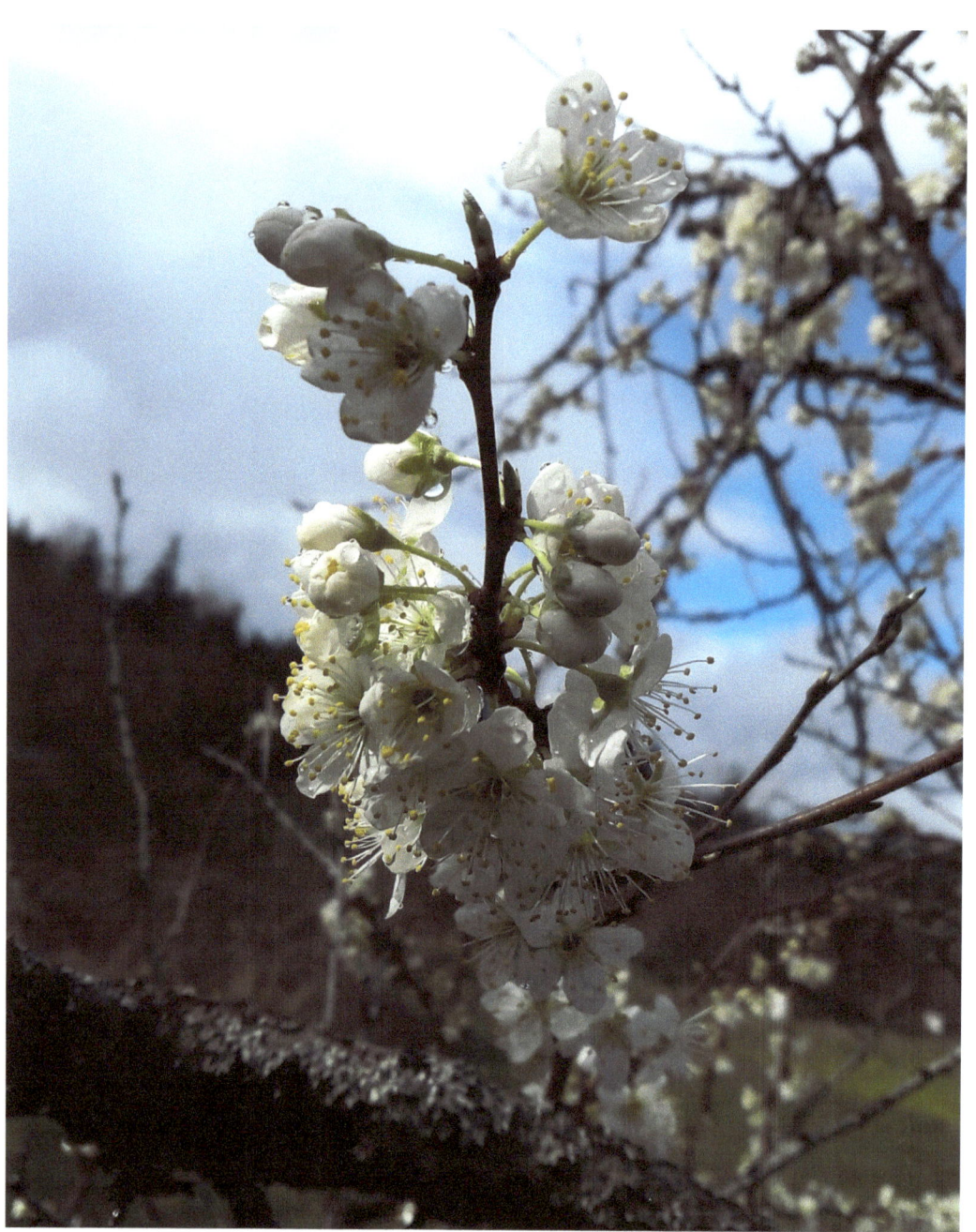

Nature Shot

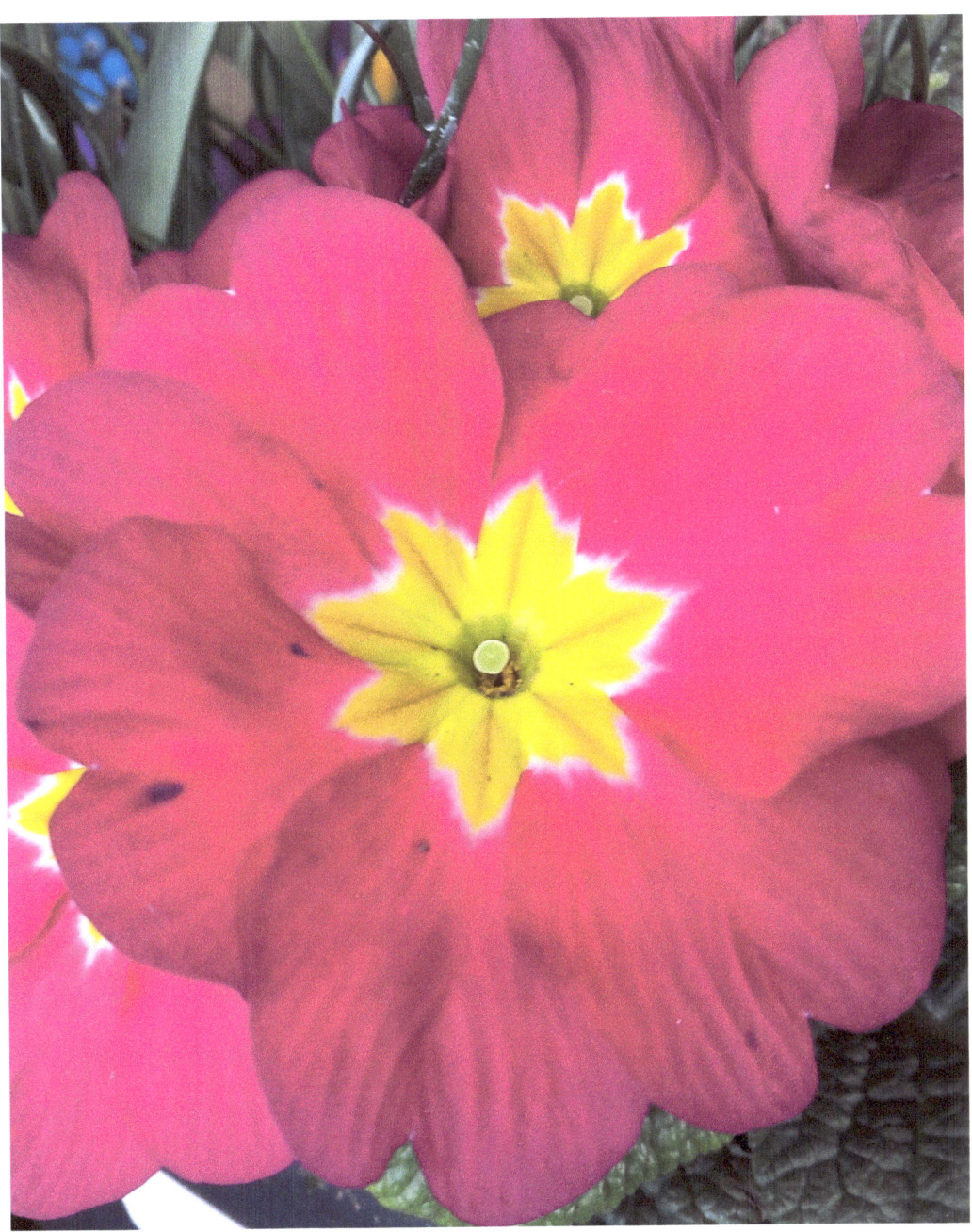

Nature Shot

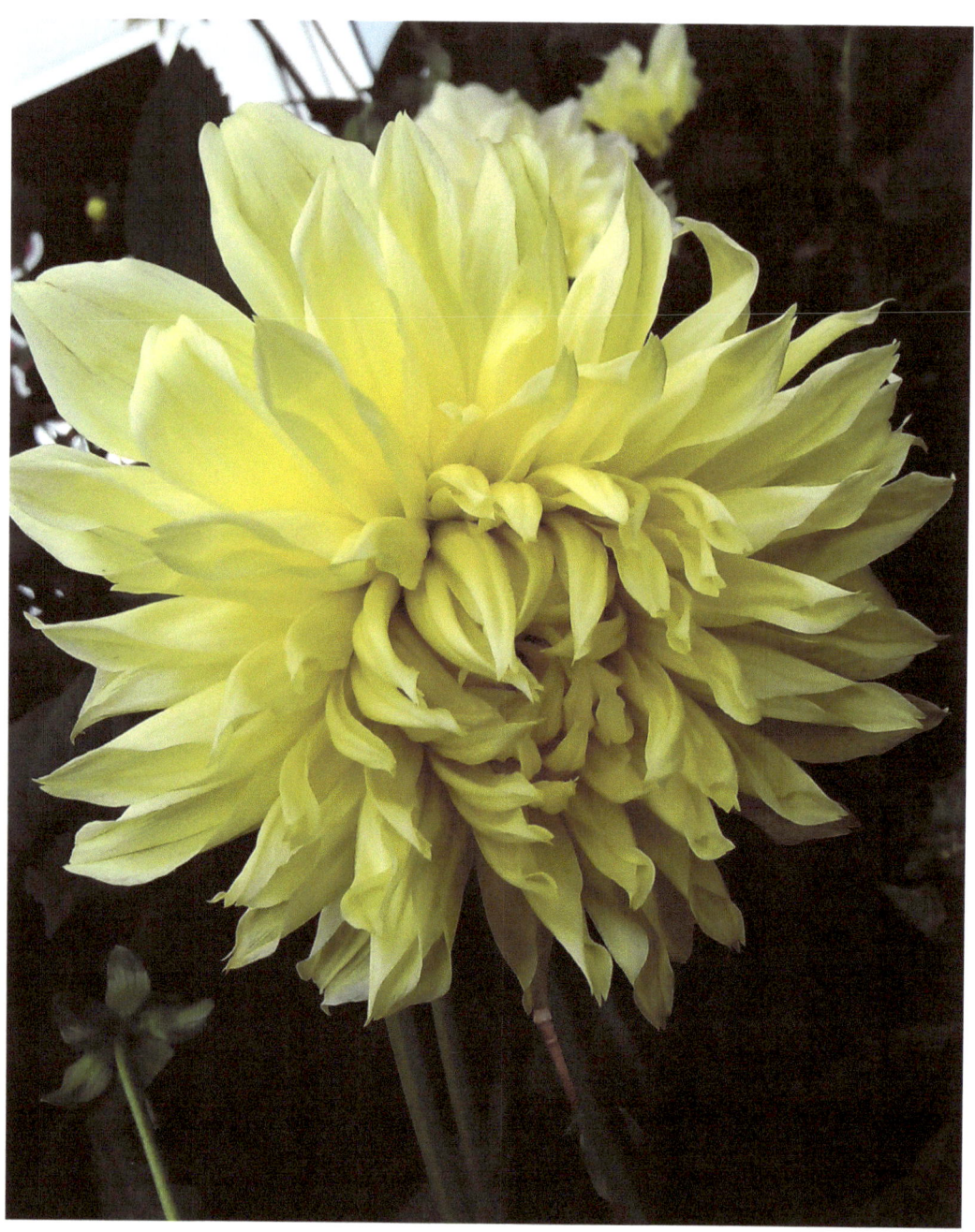

Nature Shot

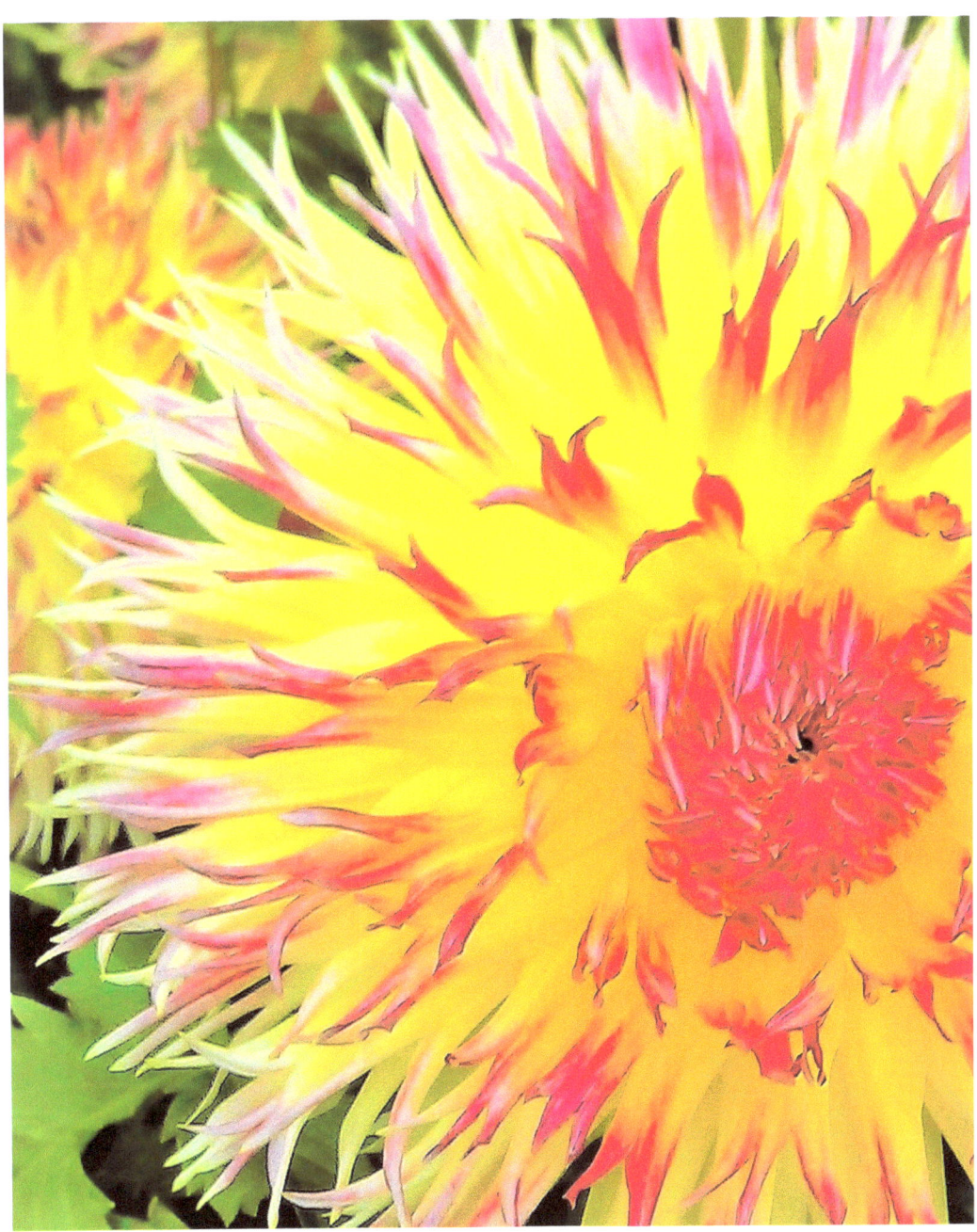

Nature Shot

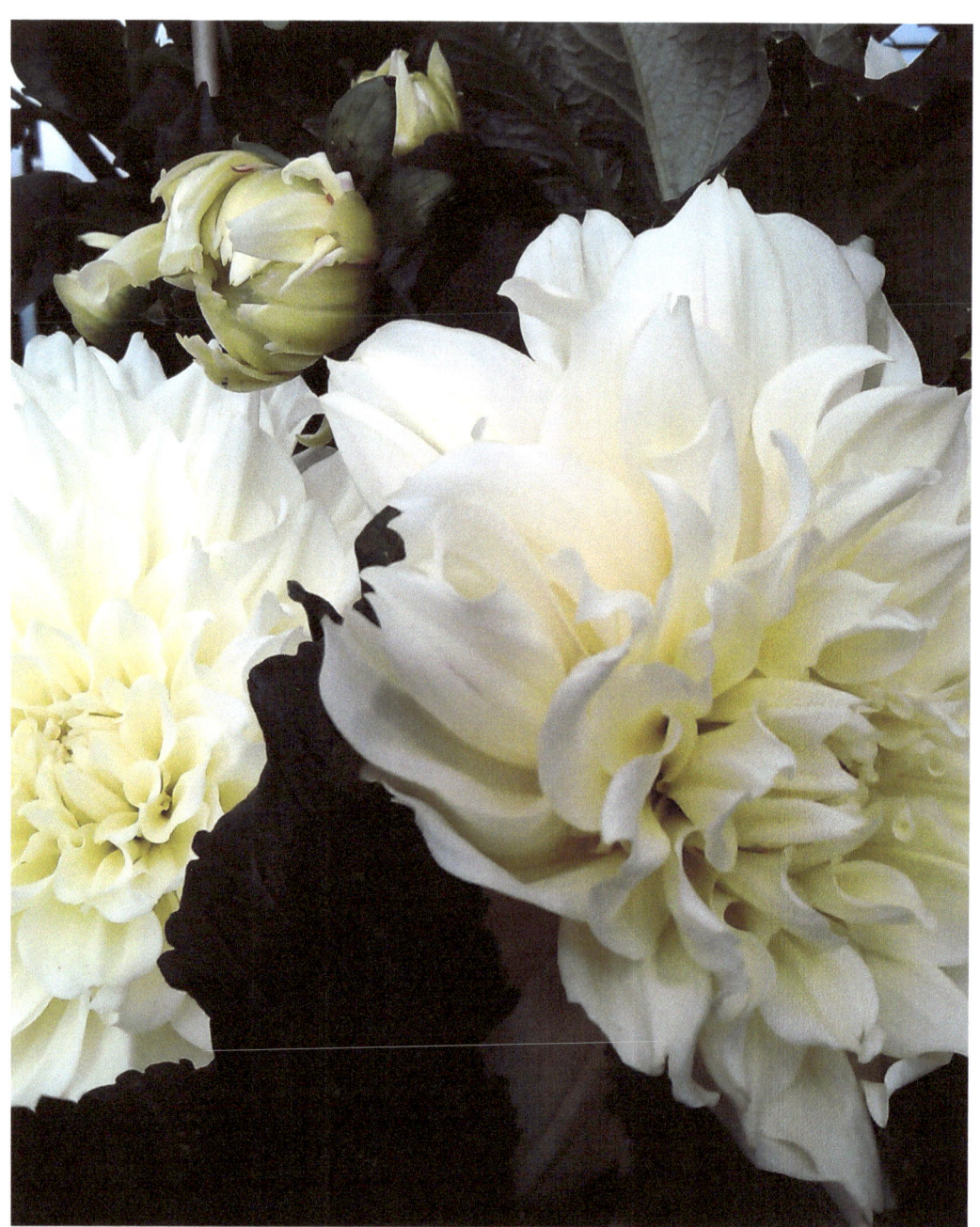

Nature Shot

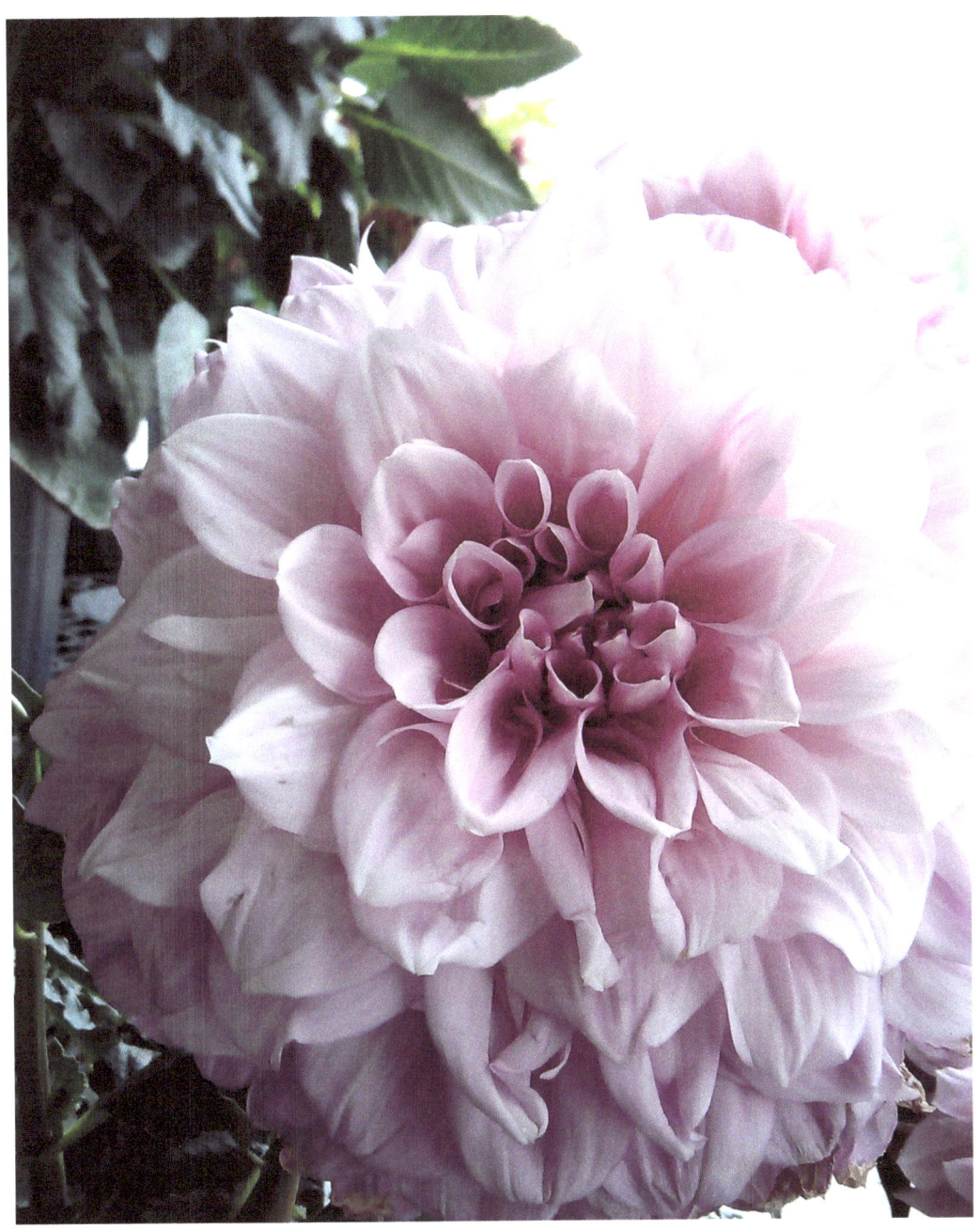

Nature Shot

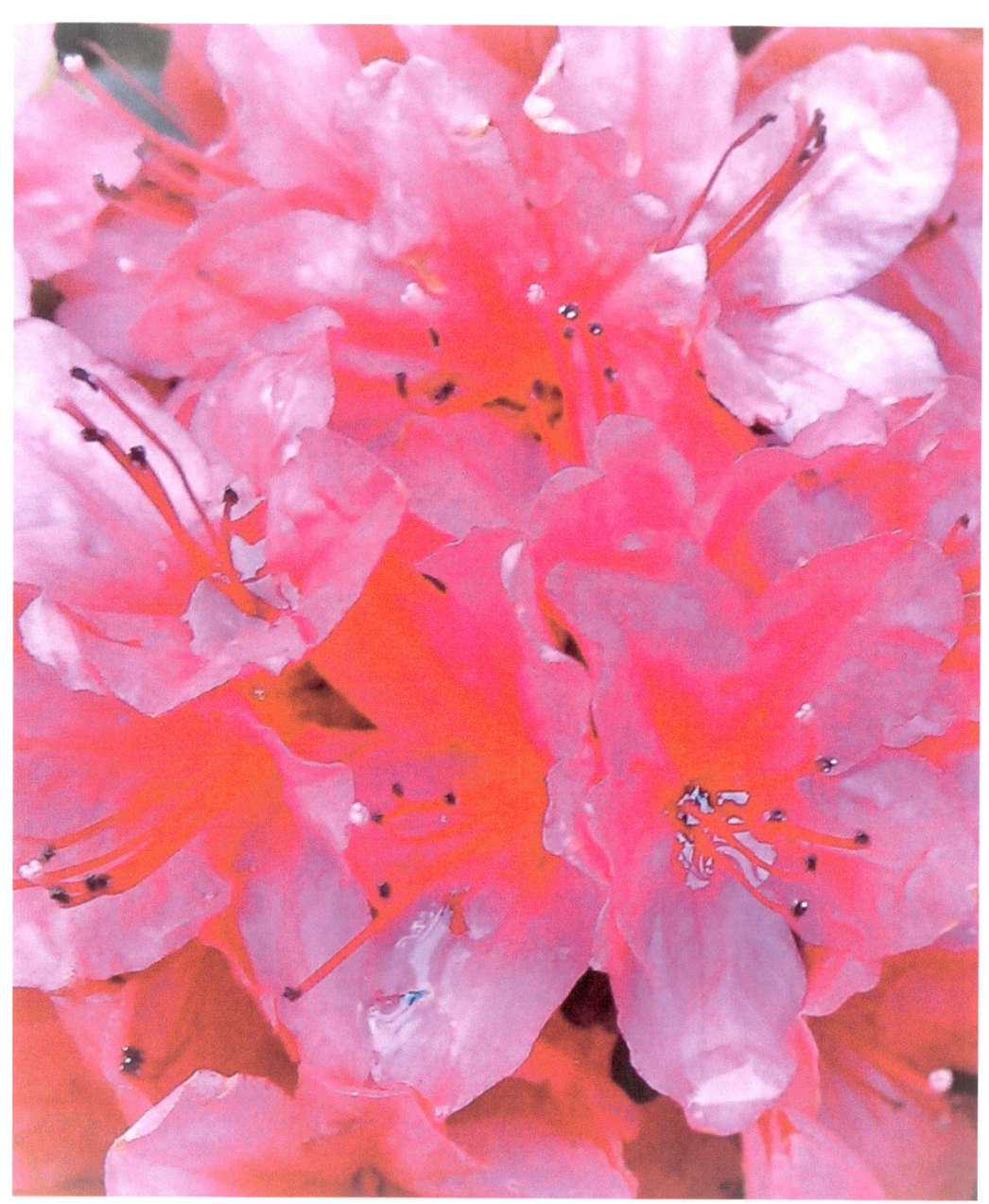

Nature Shot

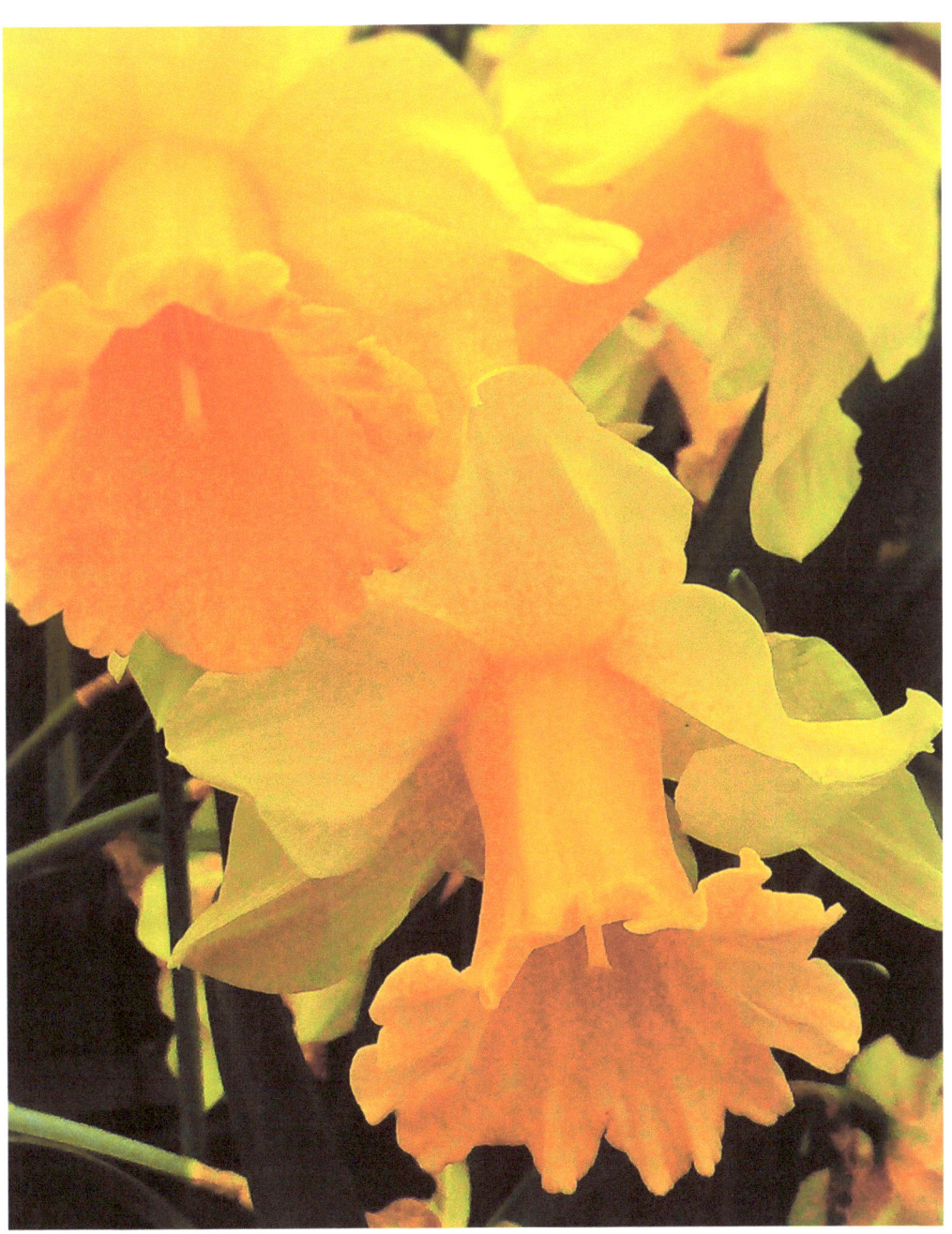

Nature Shot

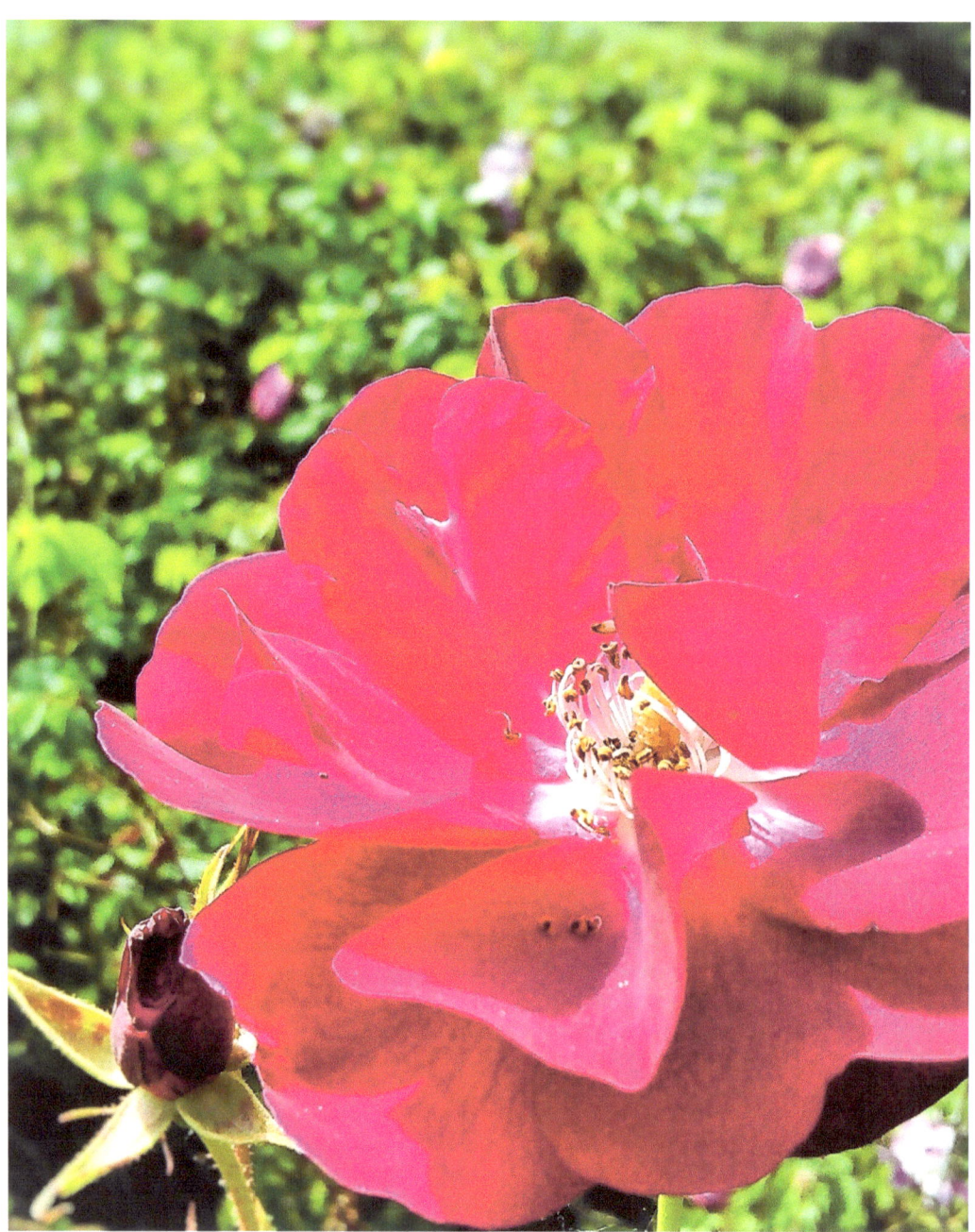

Nature Shot

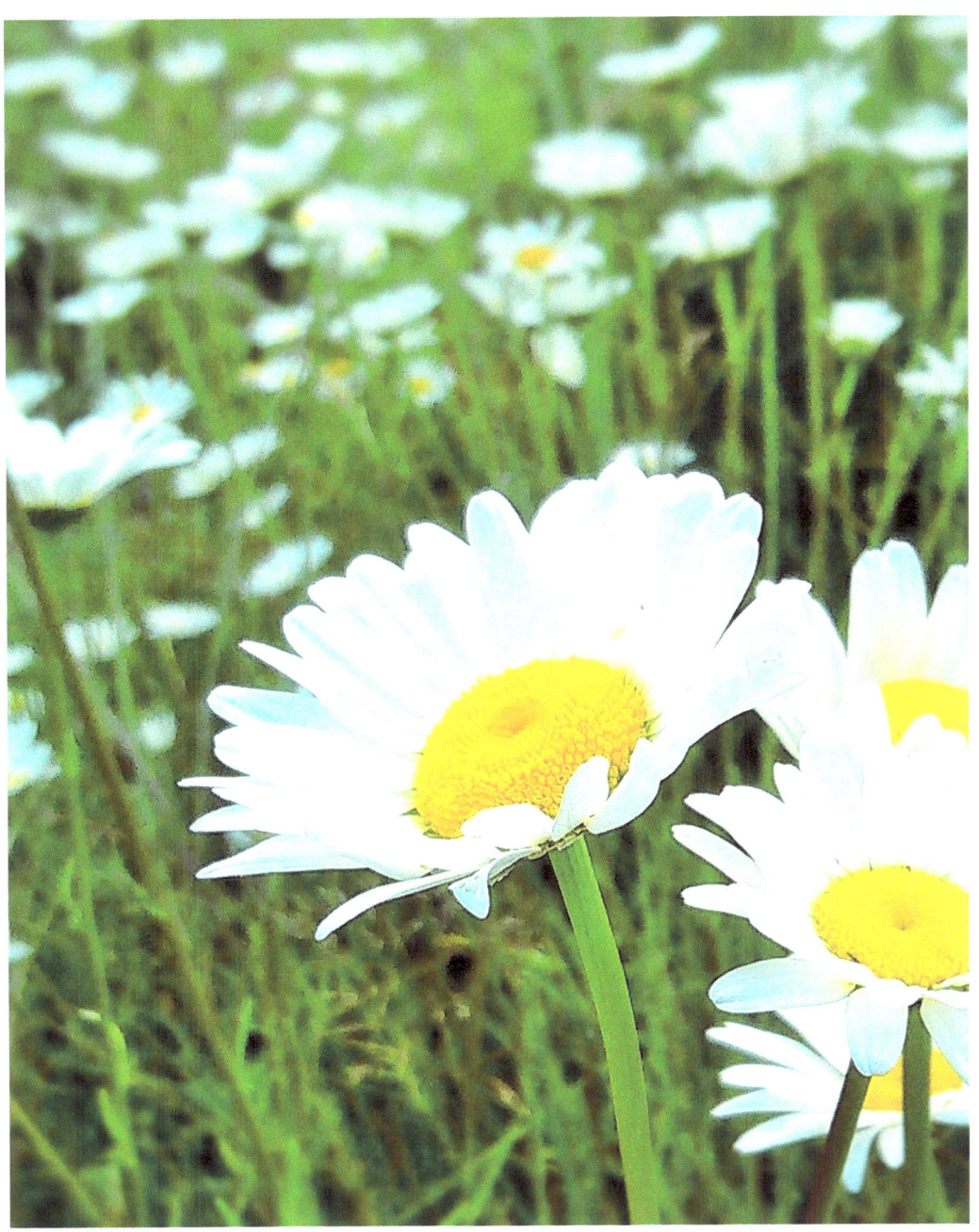

Nature Shot

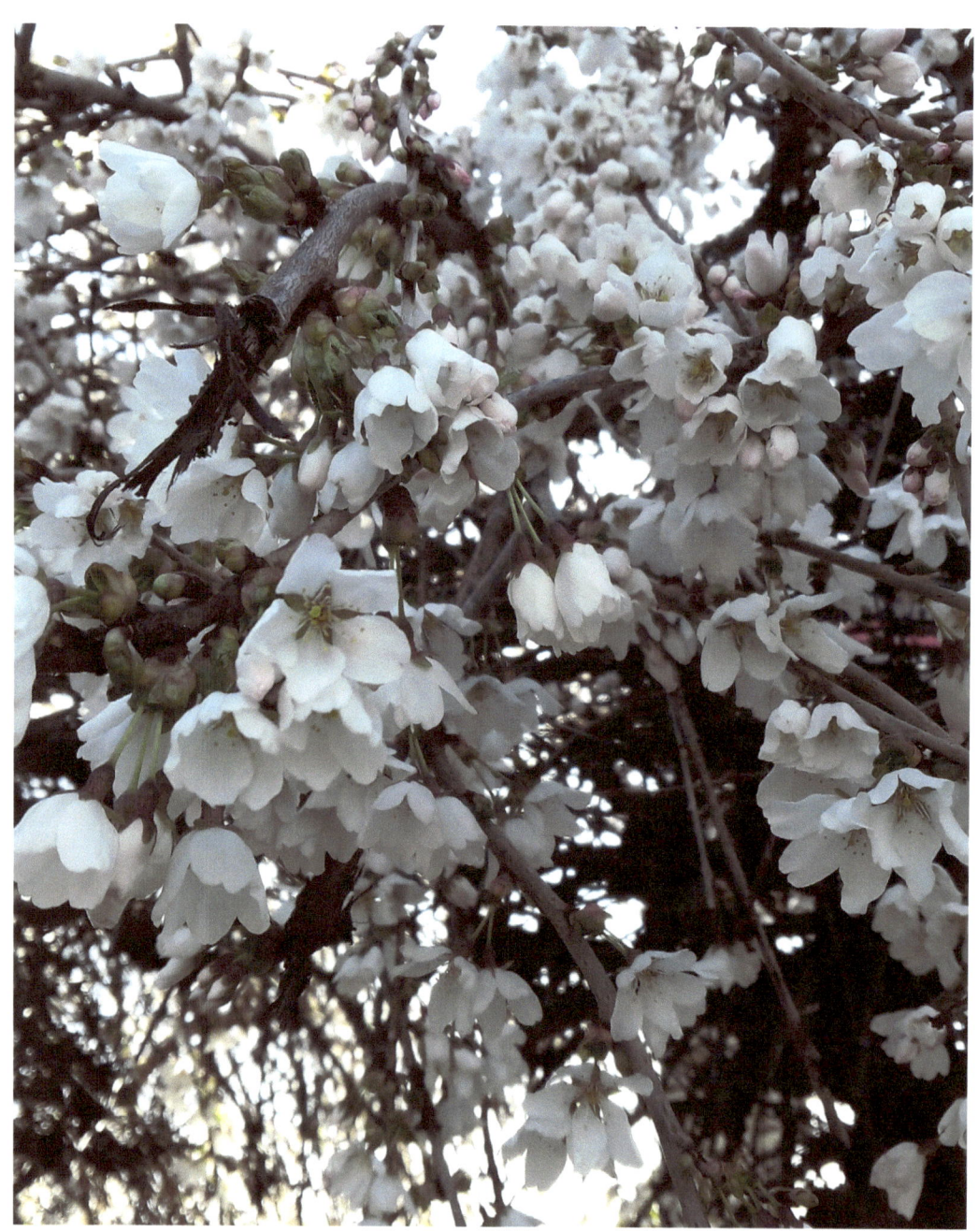

Nature Shot

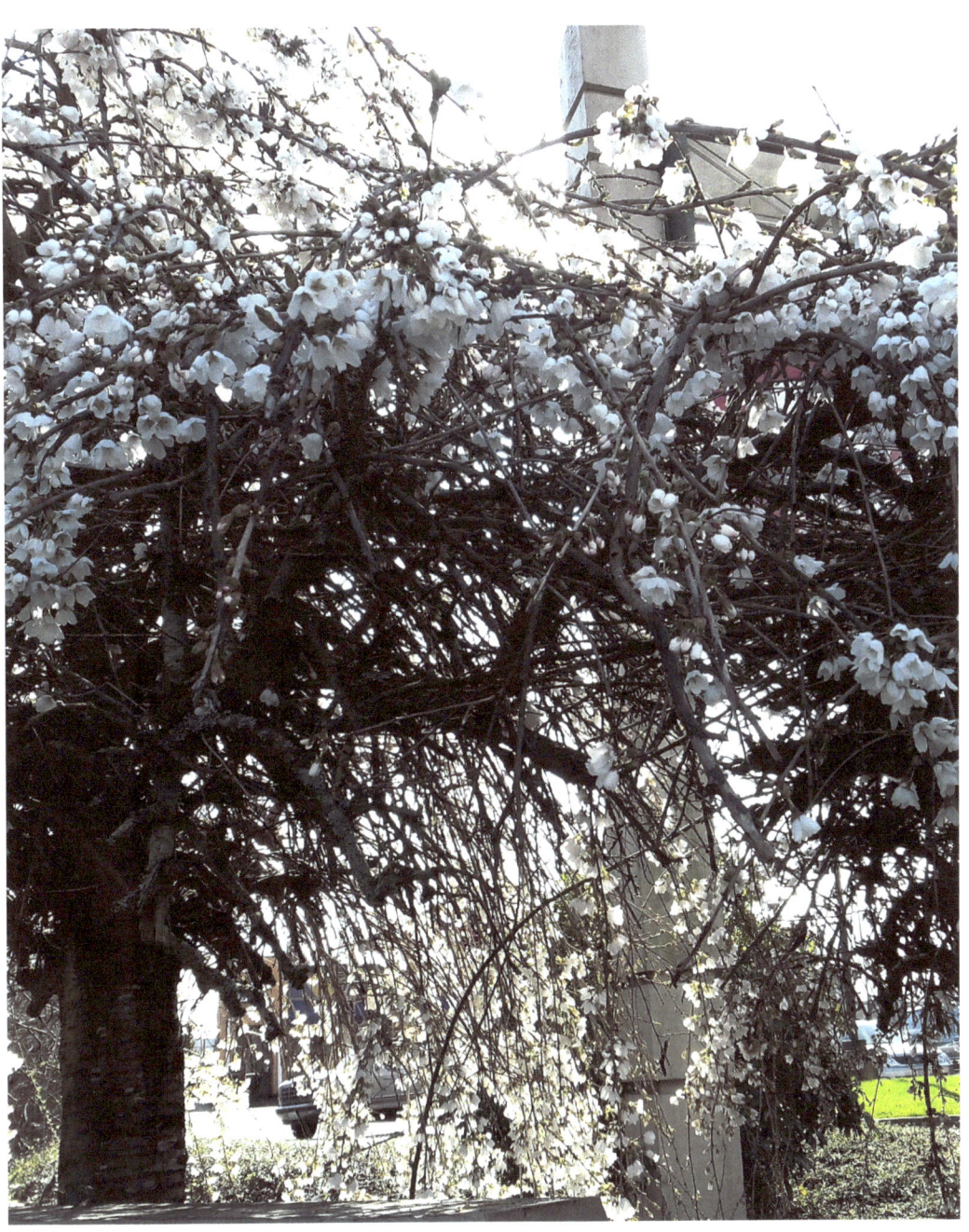

Nature Shot

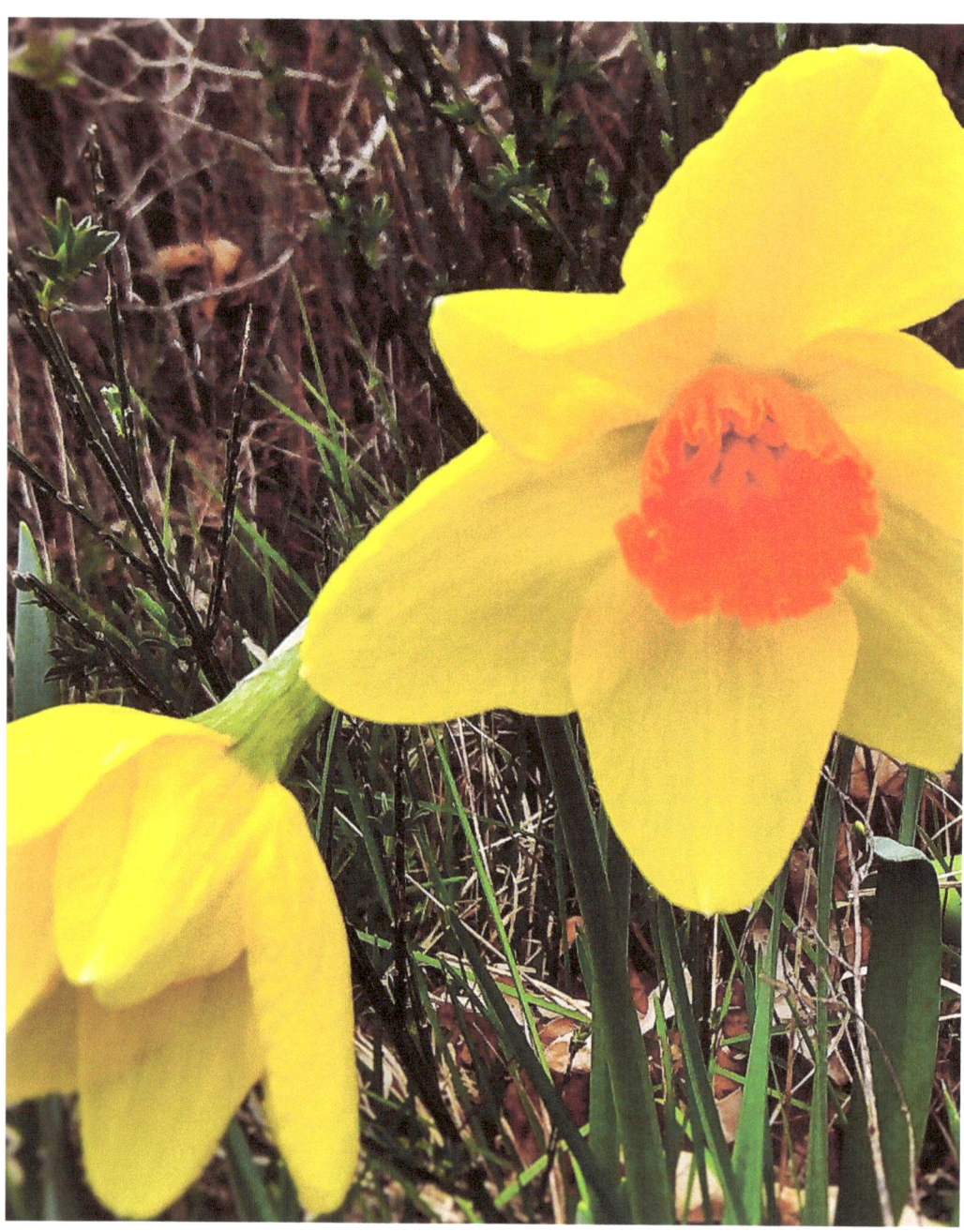

Nature Shot

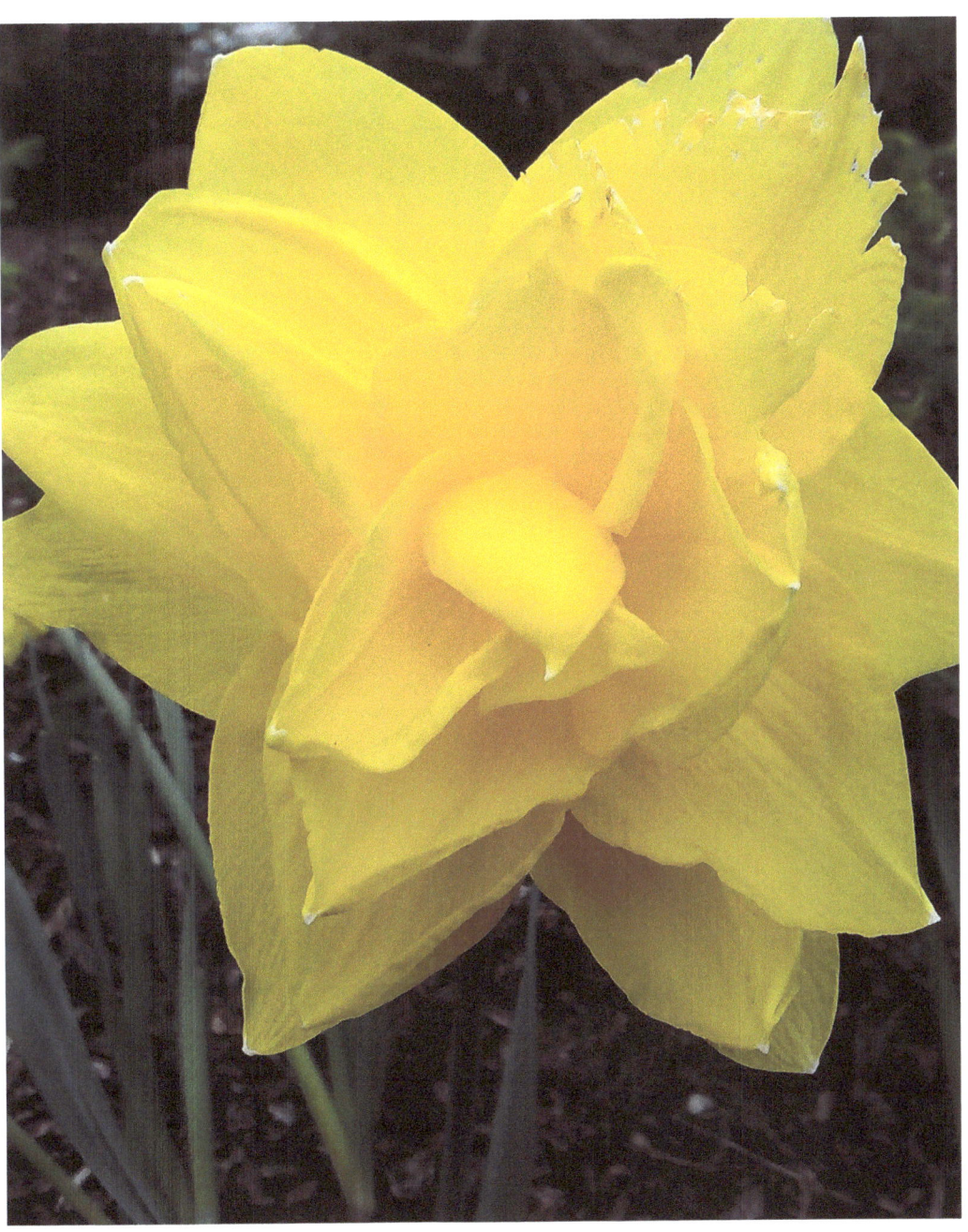

Nature Shot

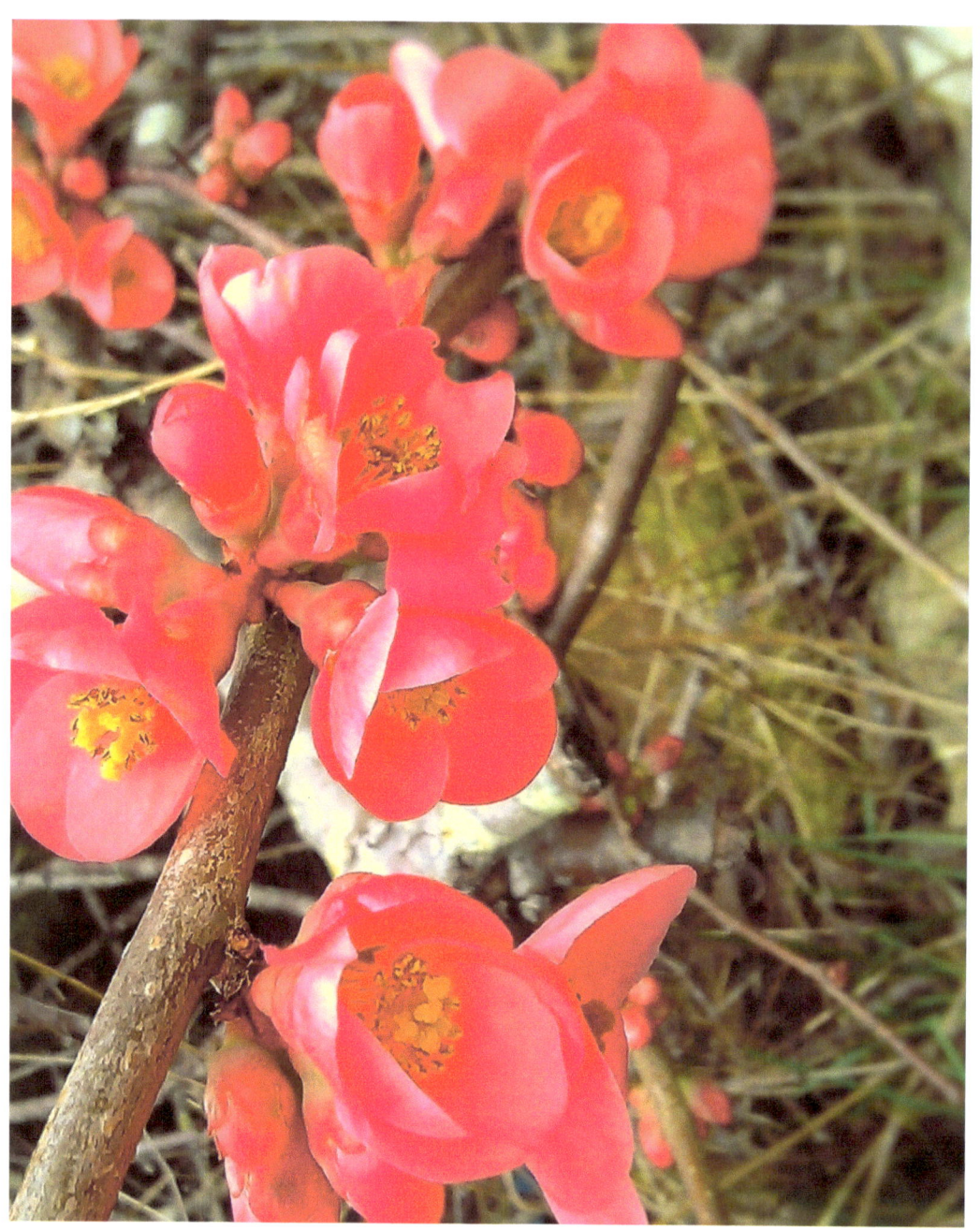

Nature Shot

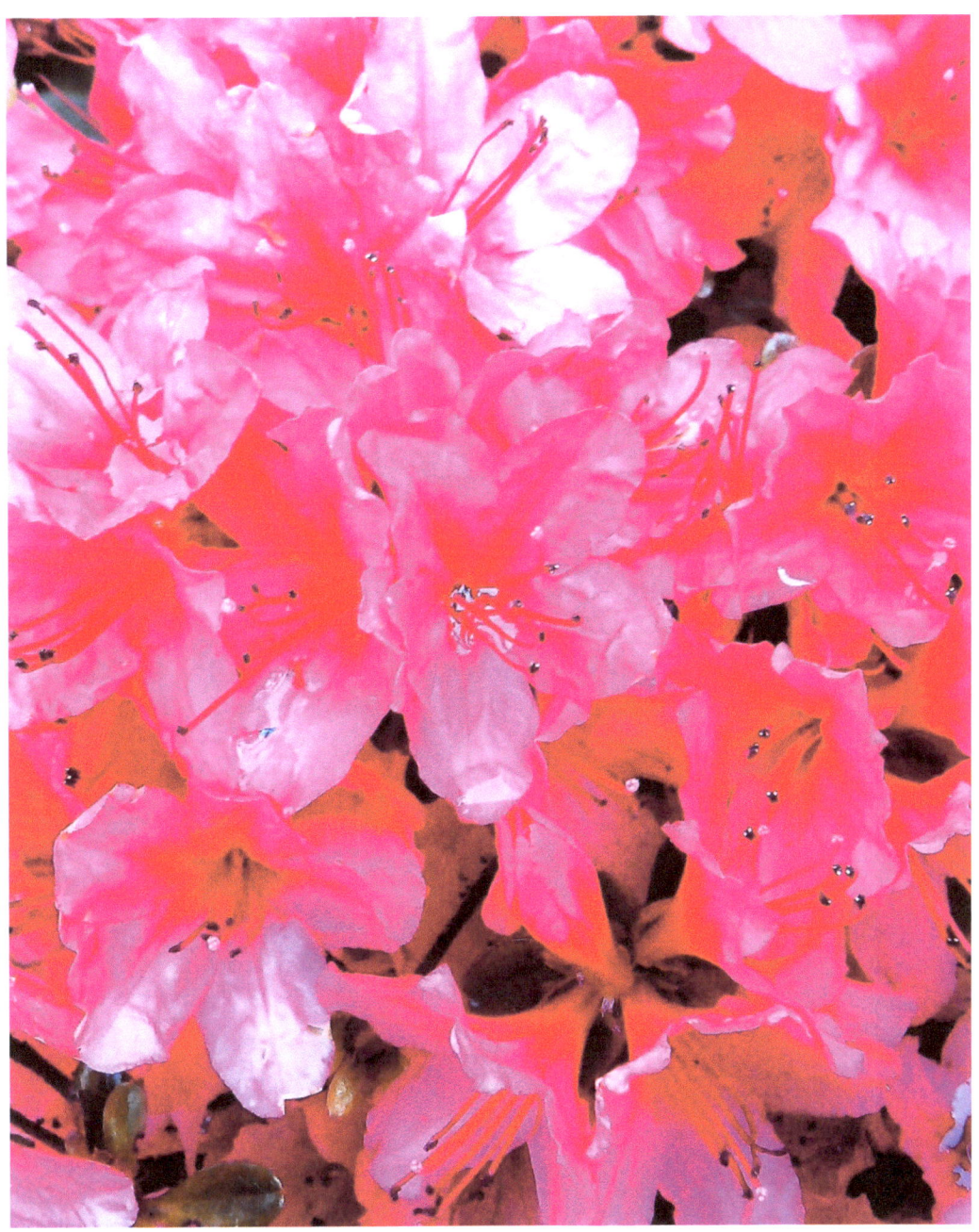

Nature Shot

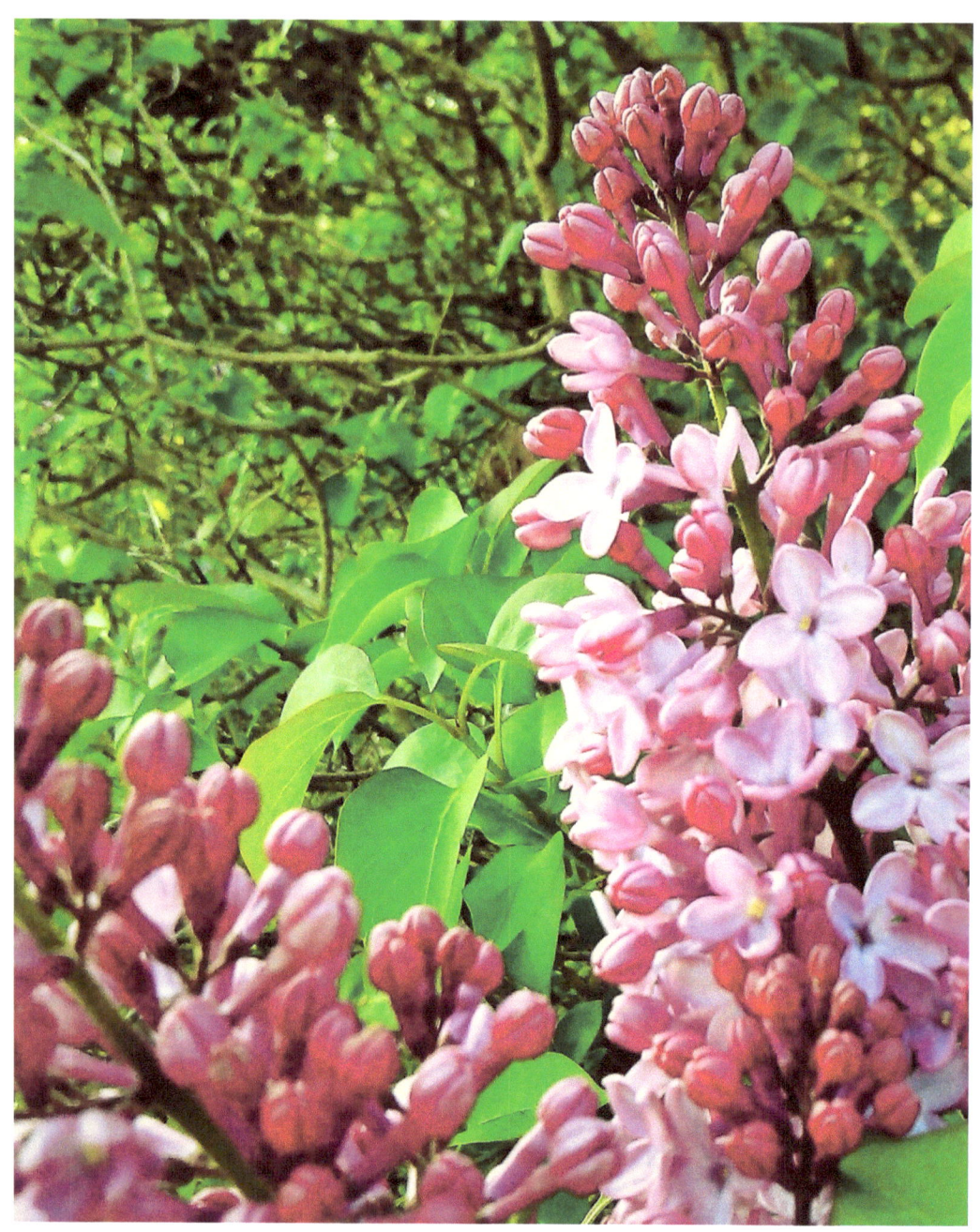

Nature Shot

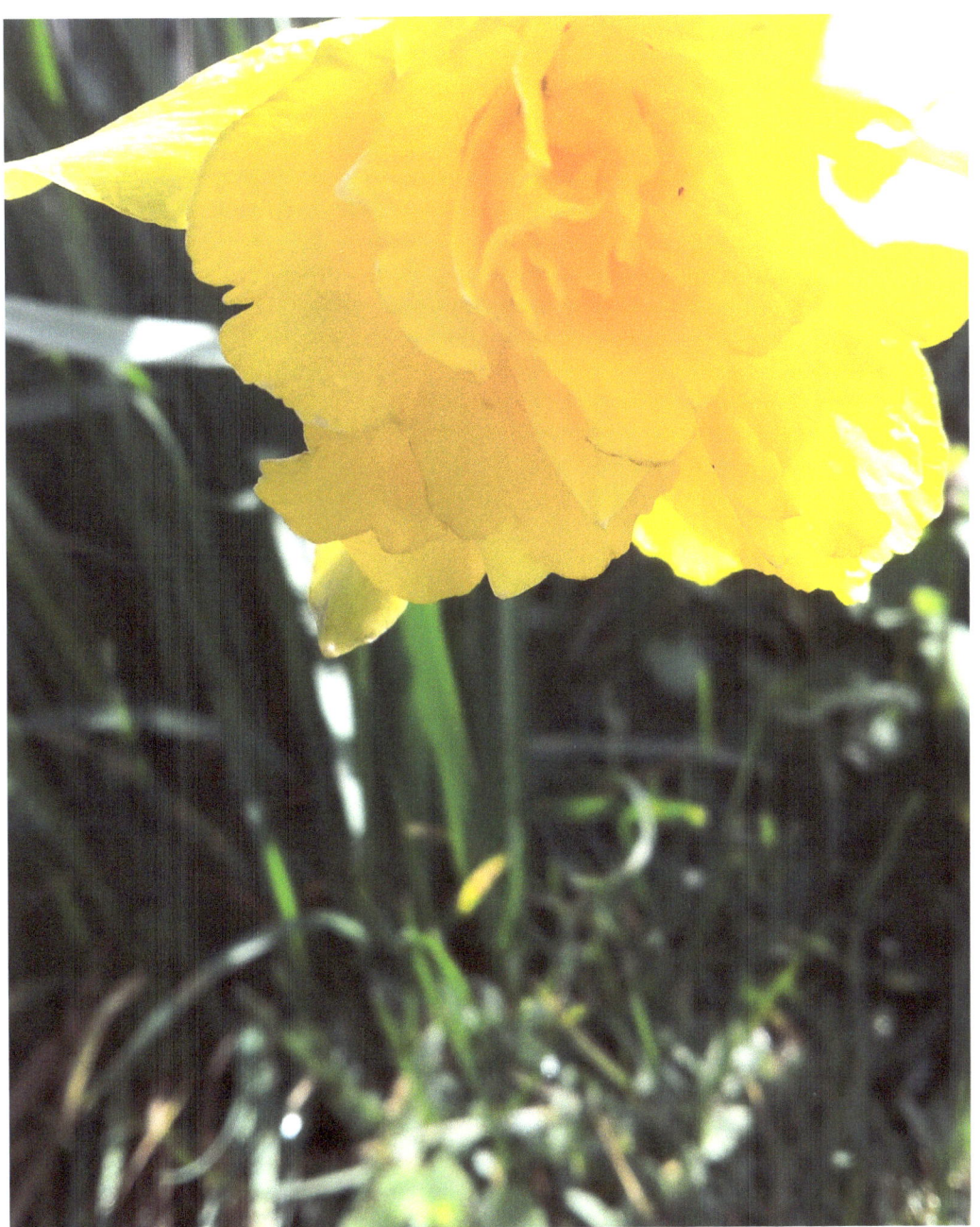

Nature Shot

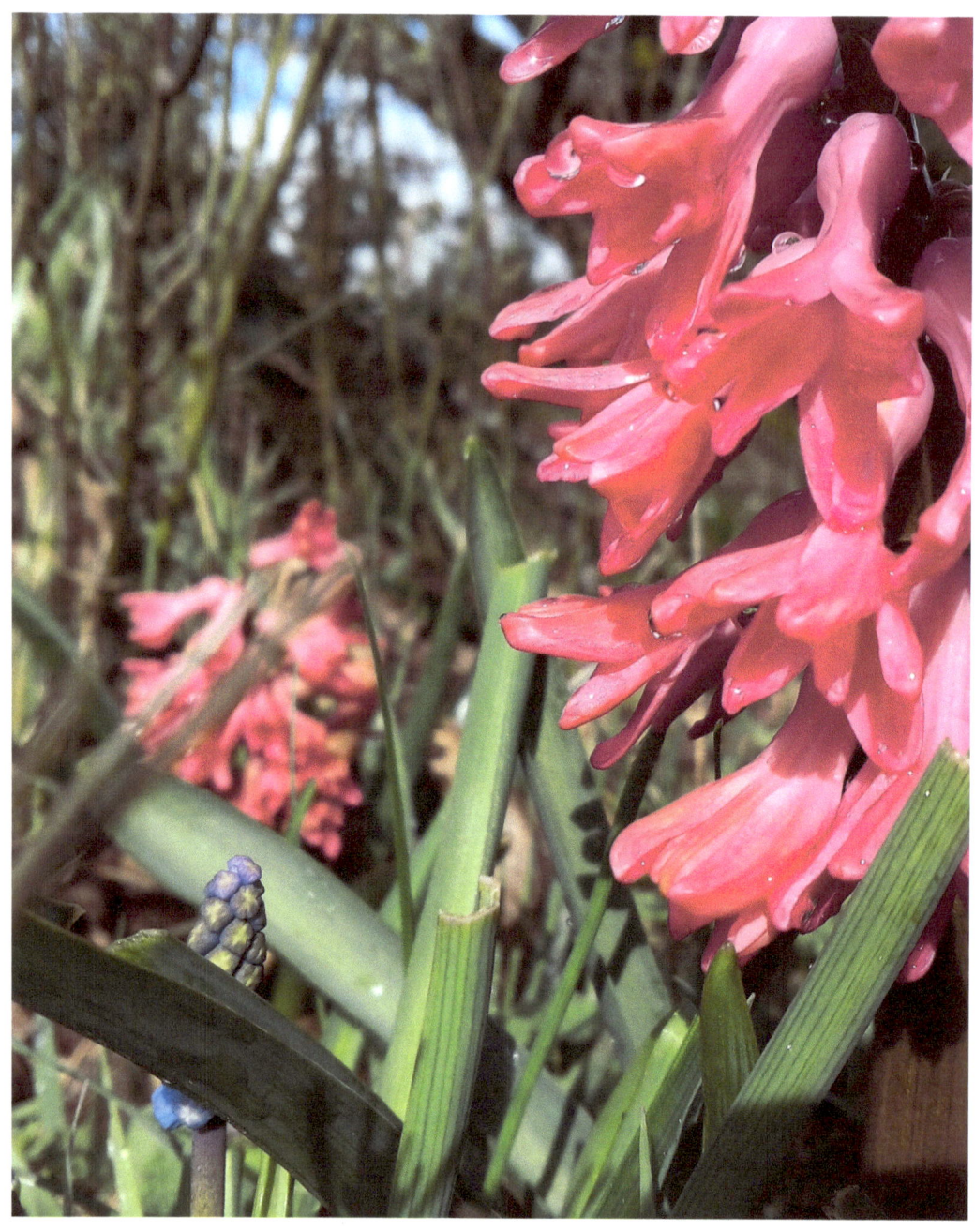

Nature Shot

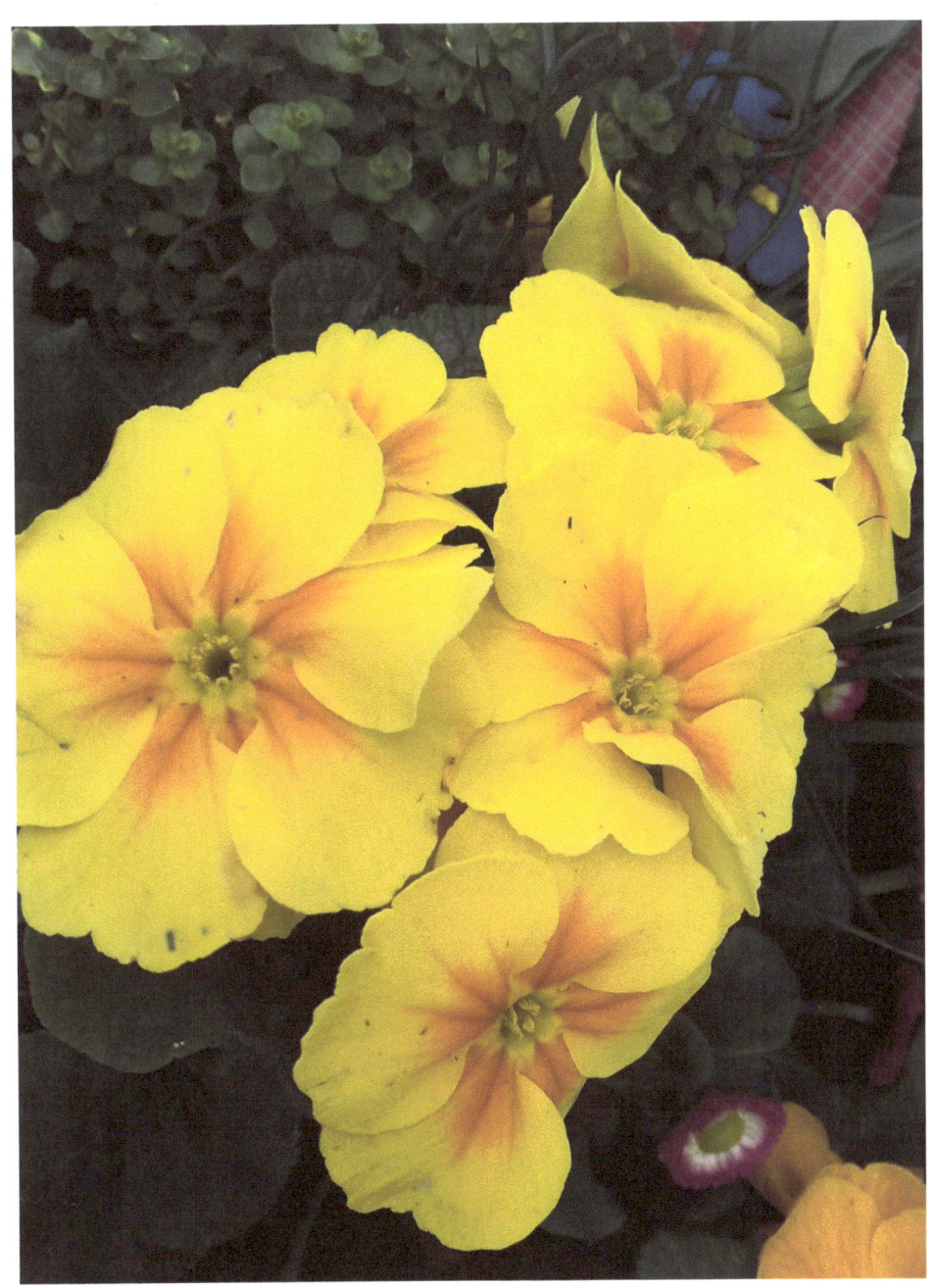

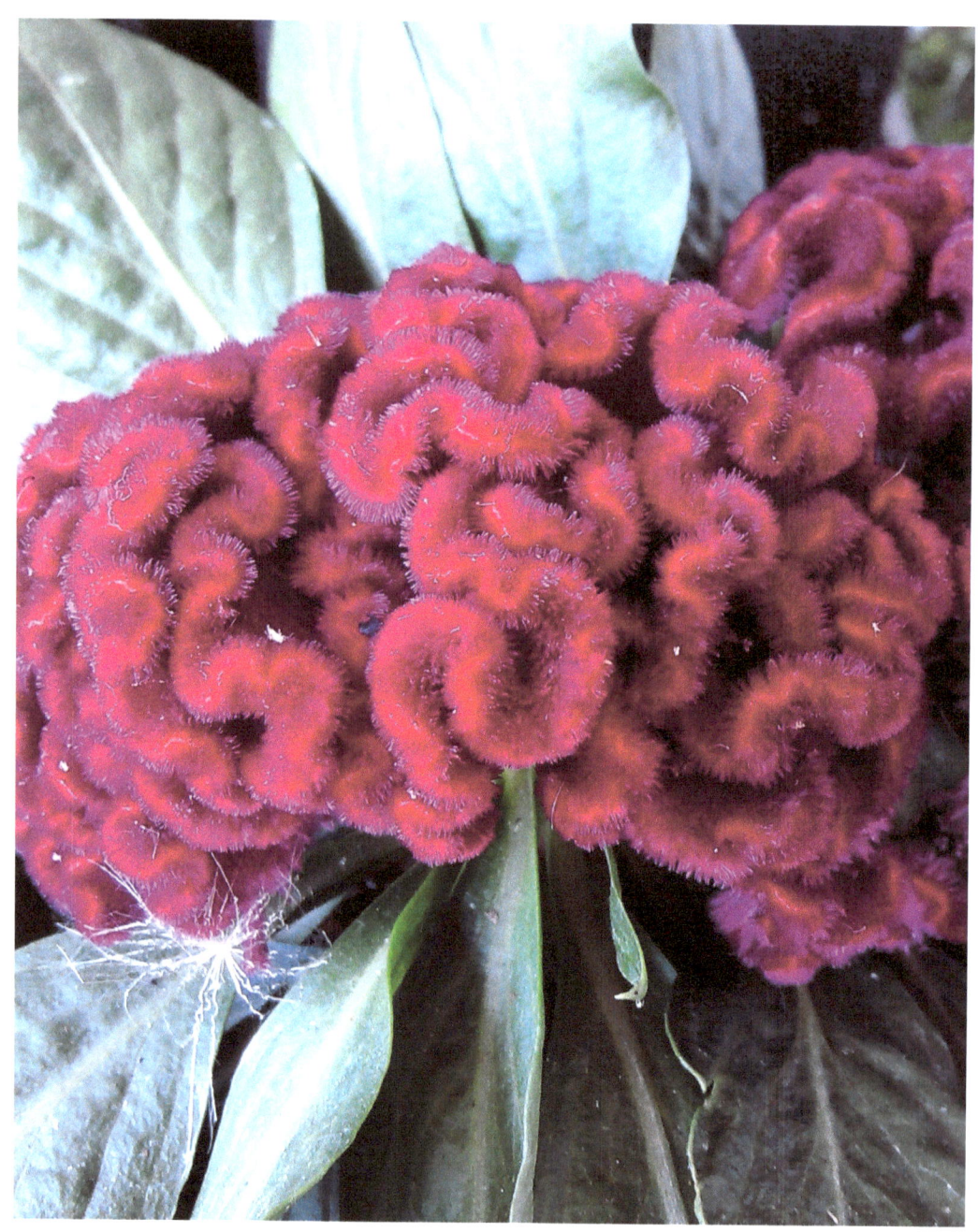

Nature Shot

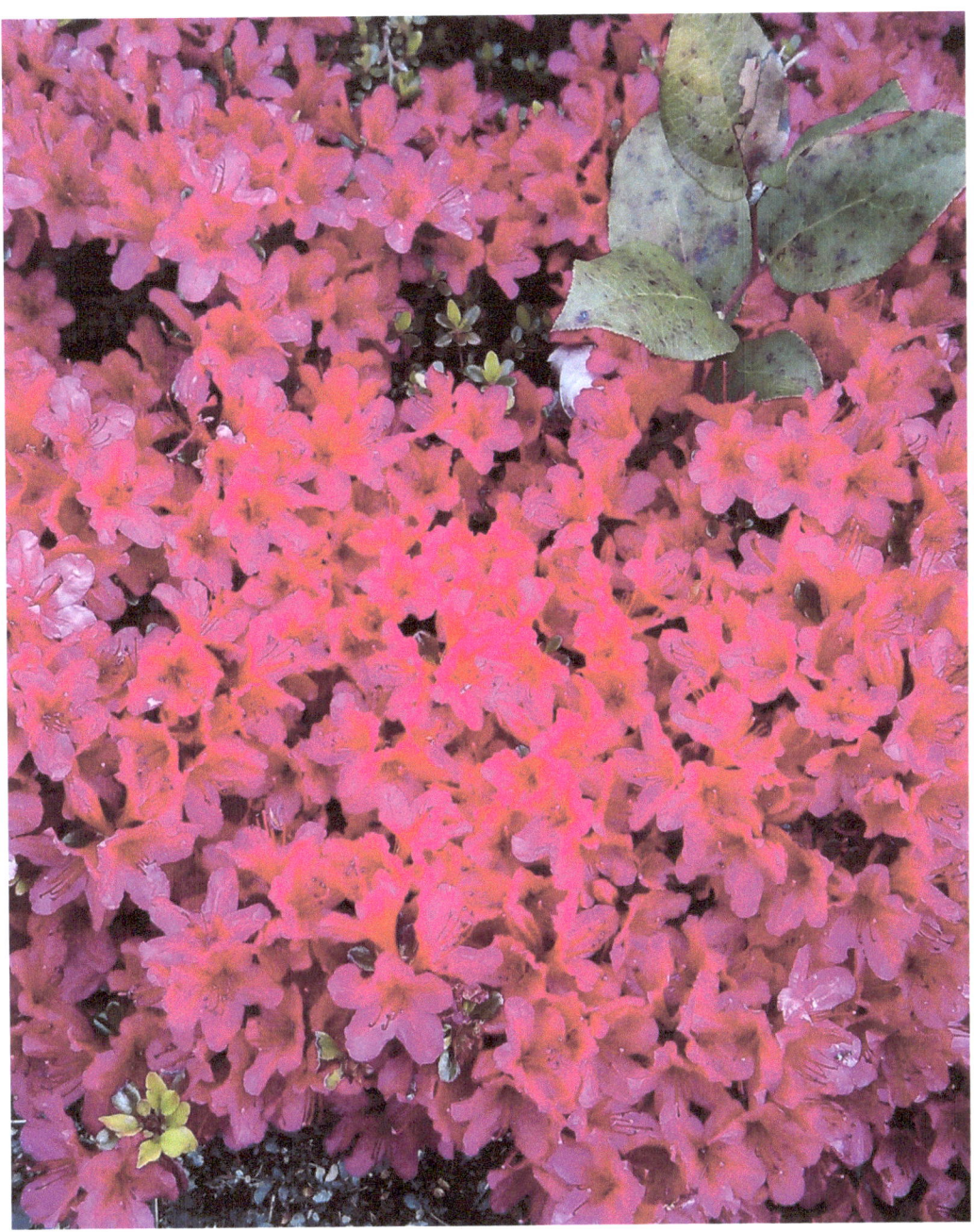

Nature Shot

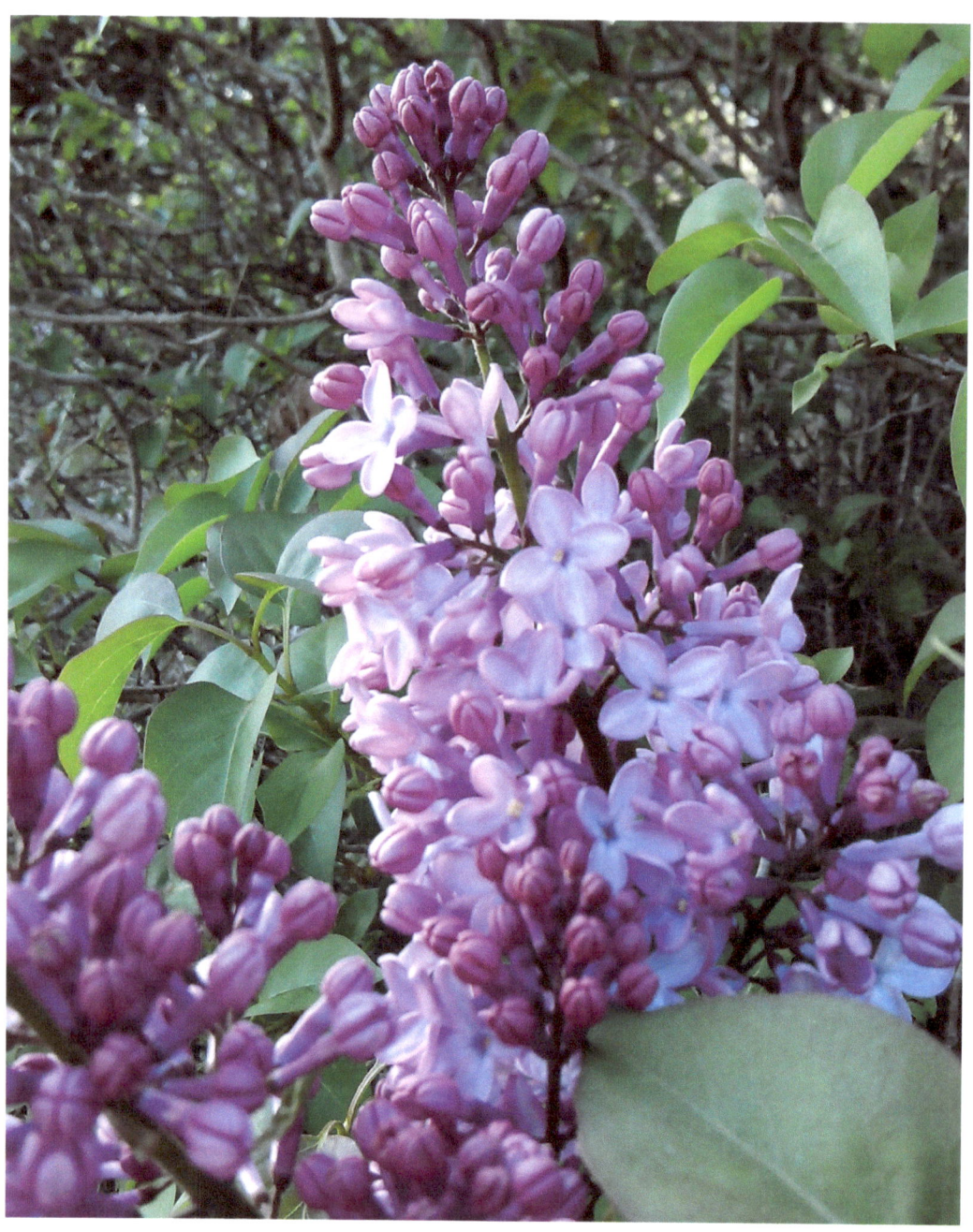

Nature Shot

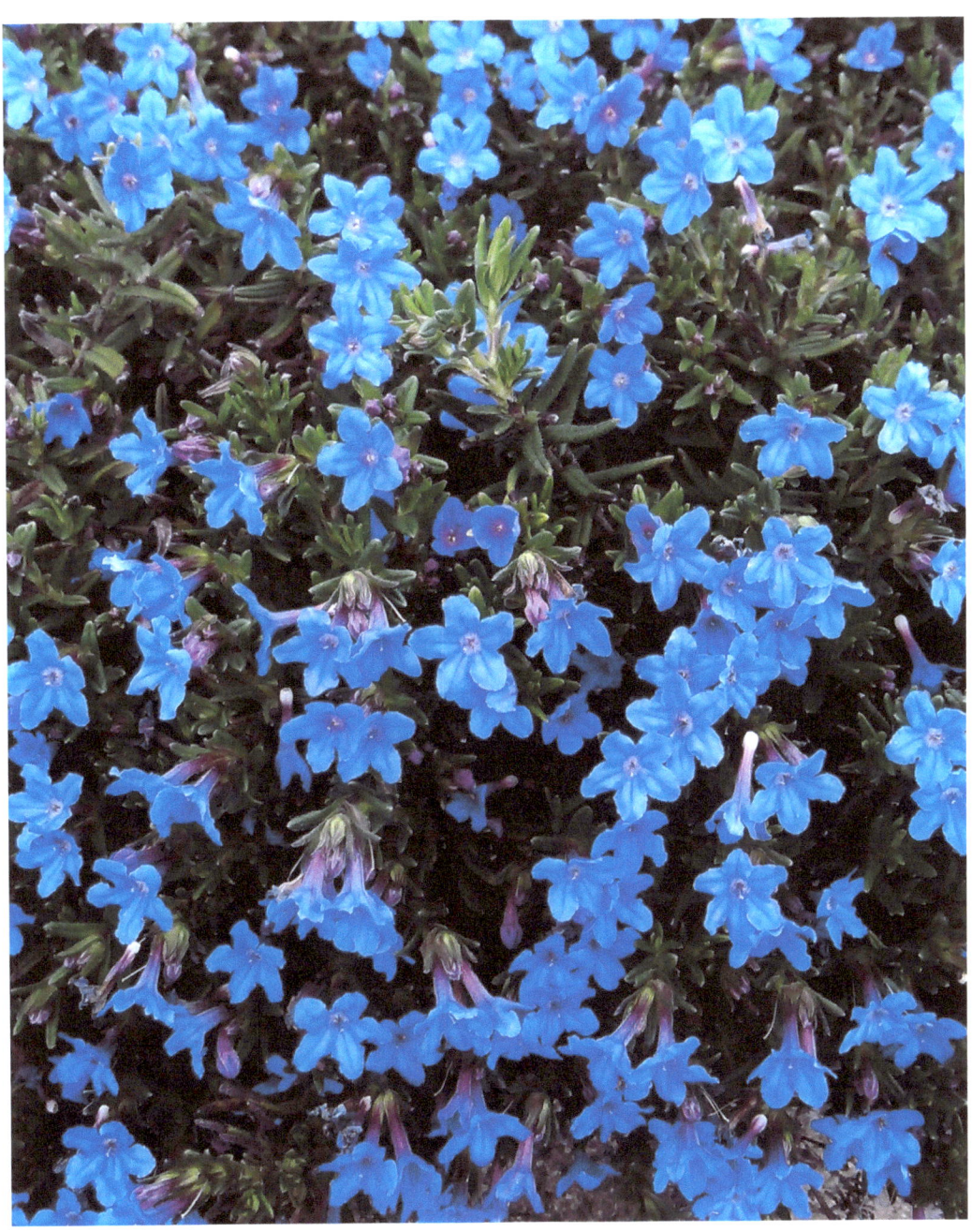

Nature Shot

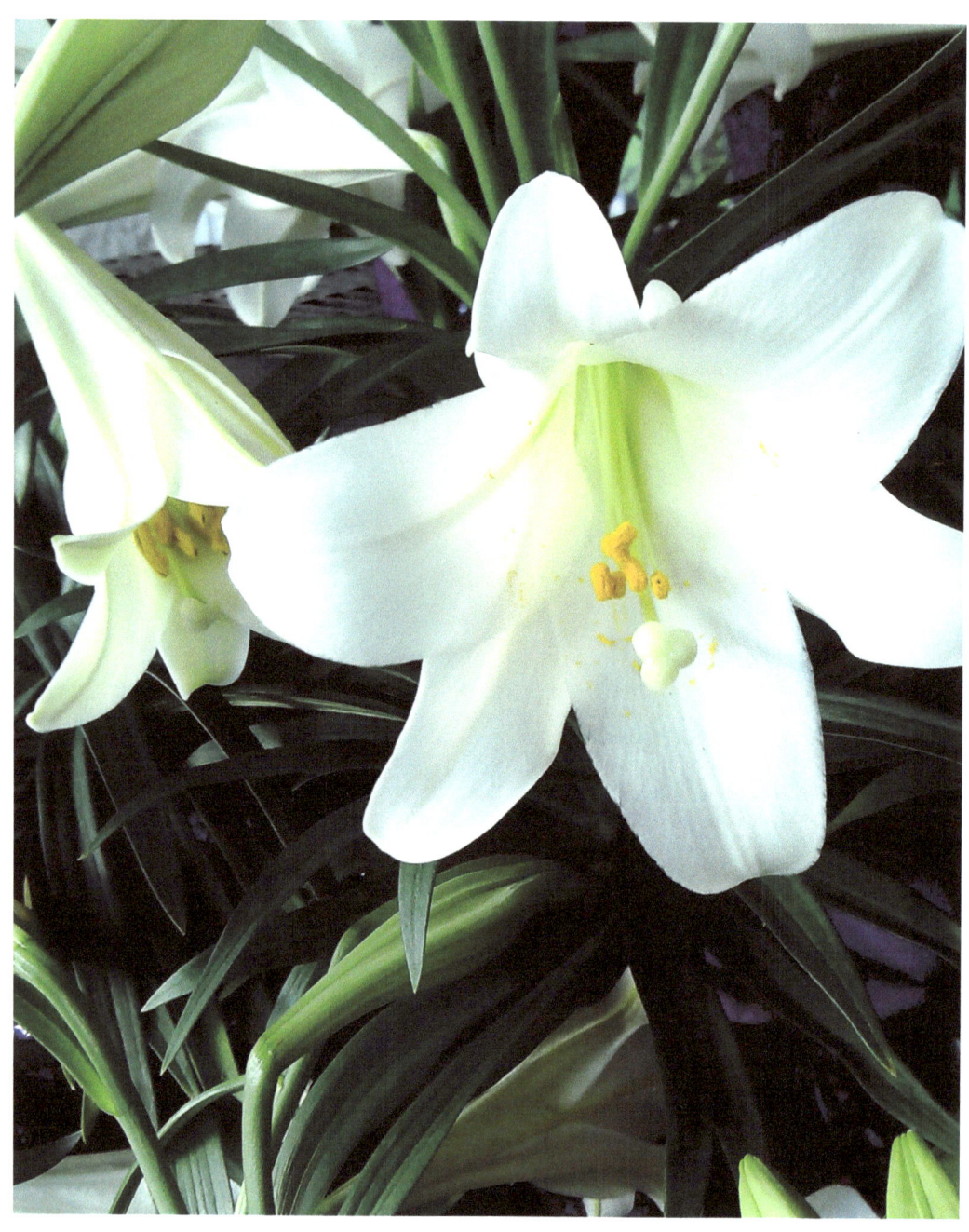

Nature Shot

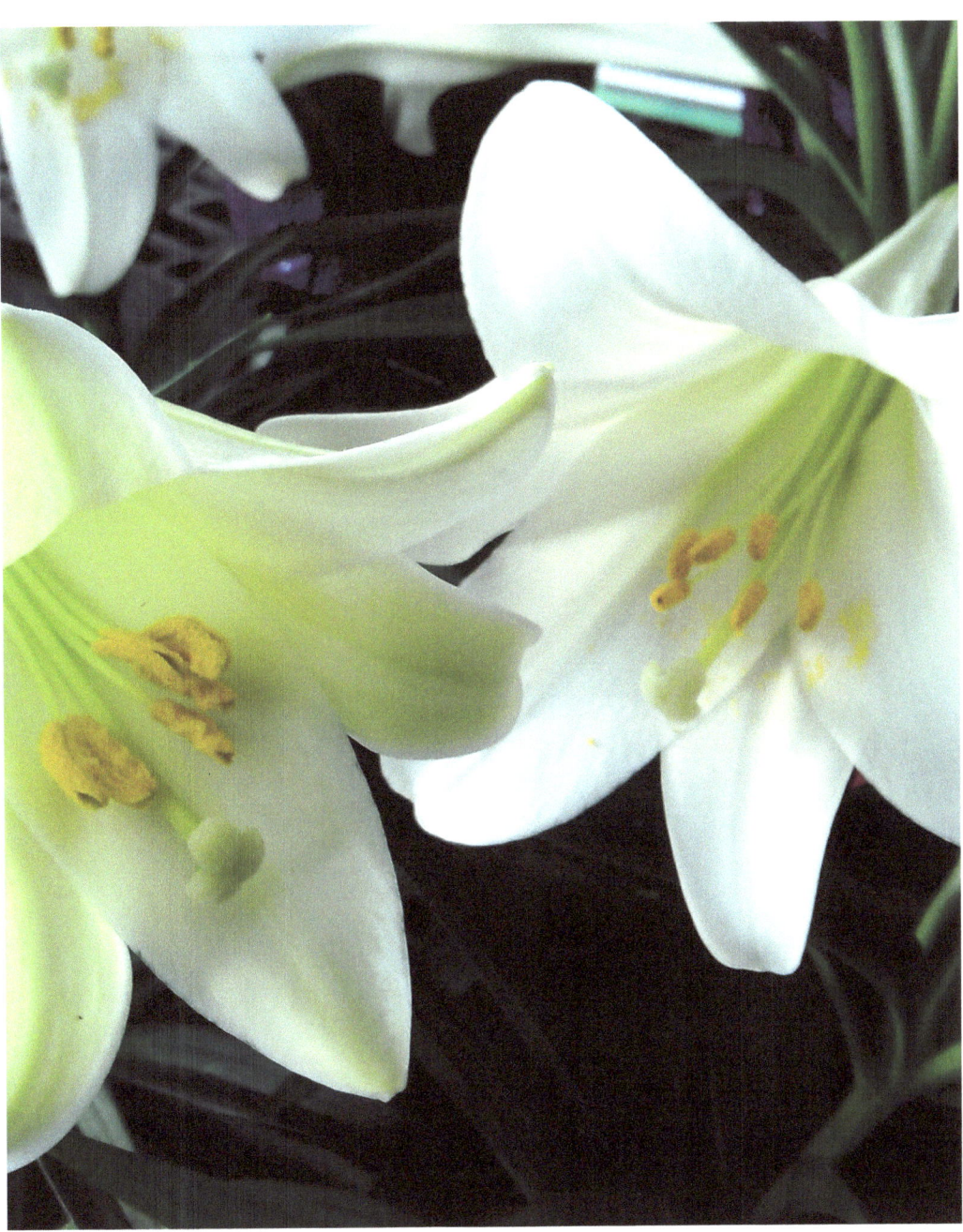

Nature Shot

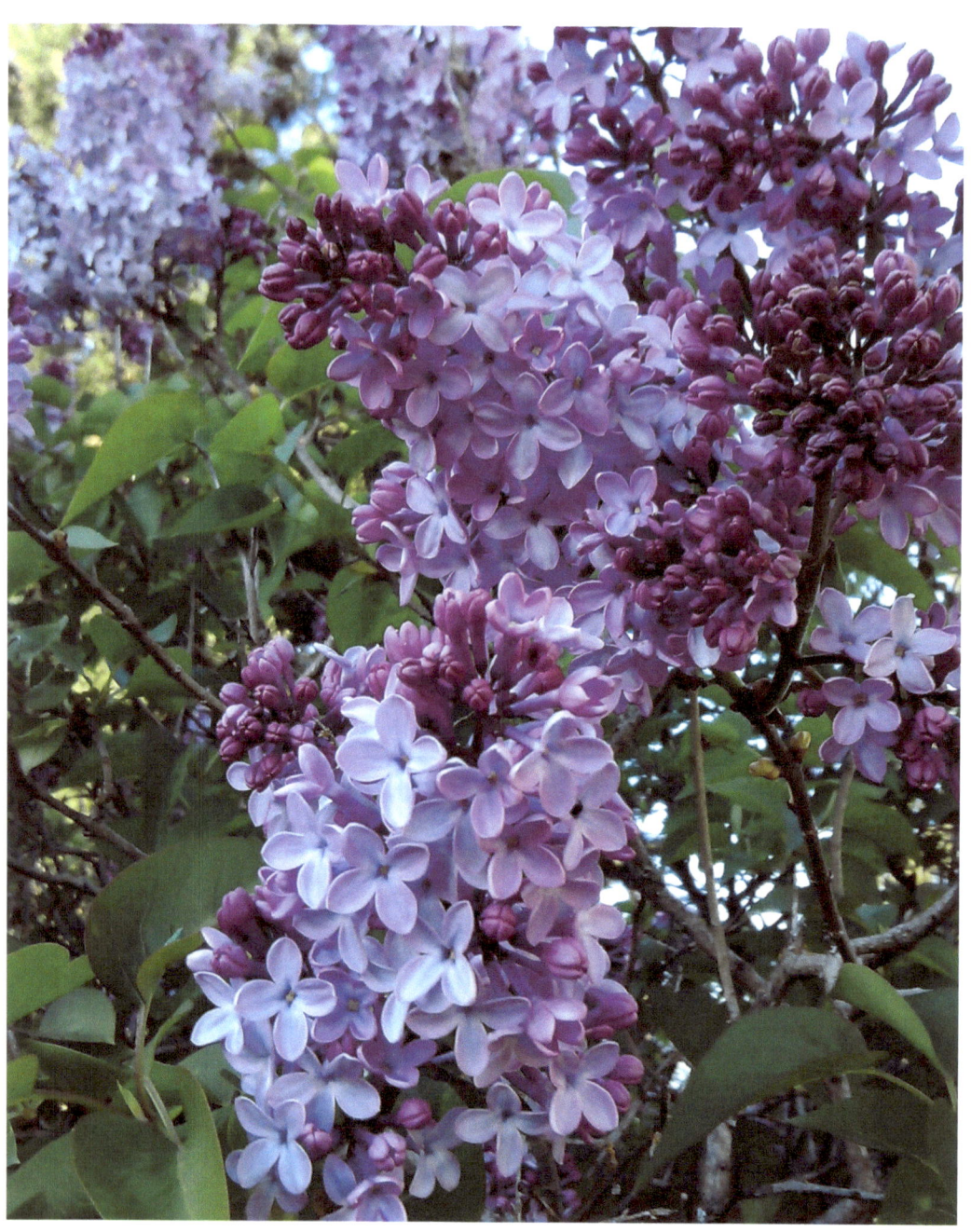

Nature Shot

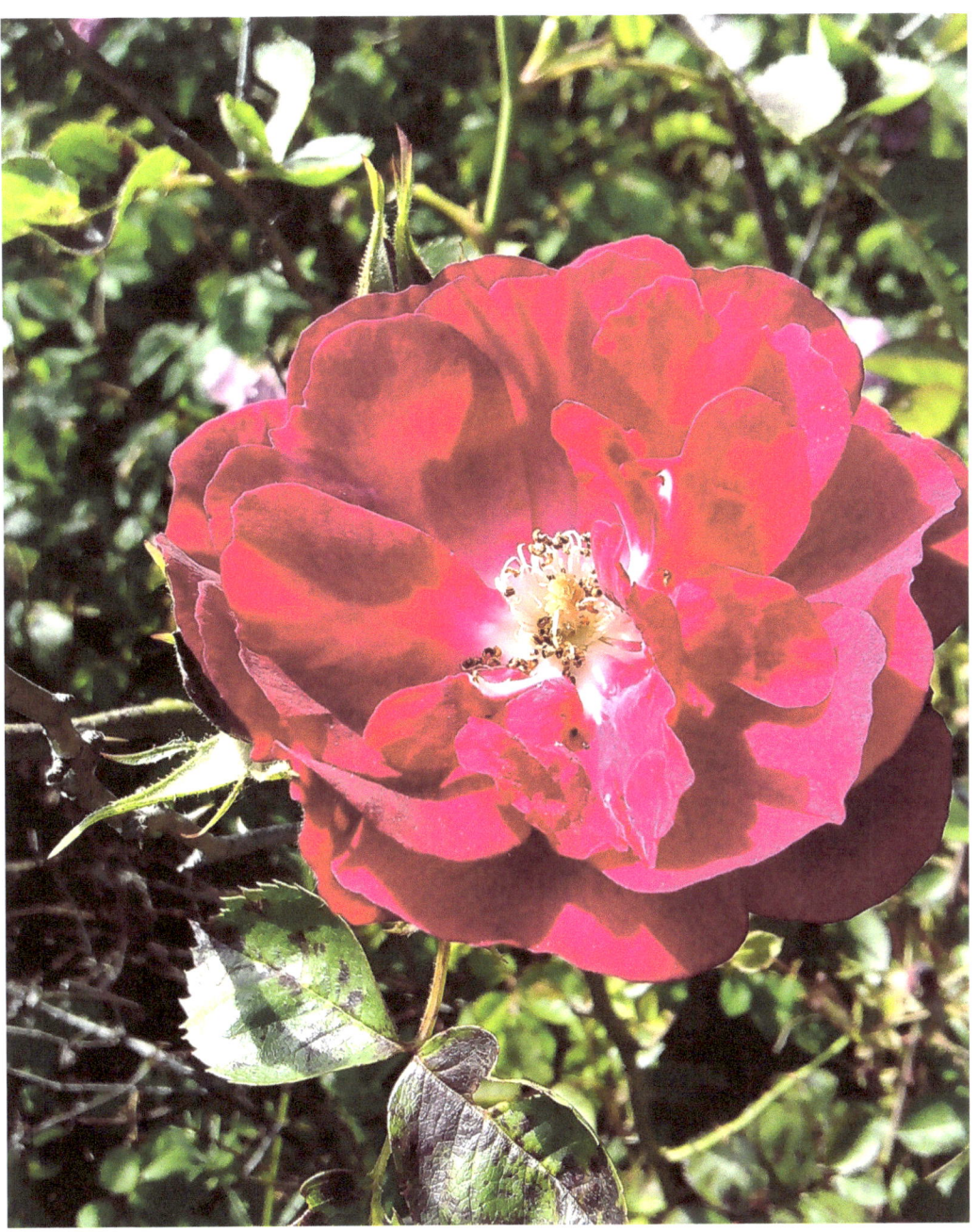

Nature Shot

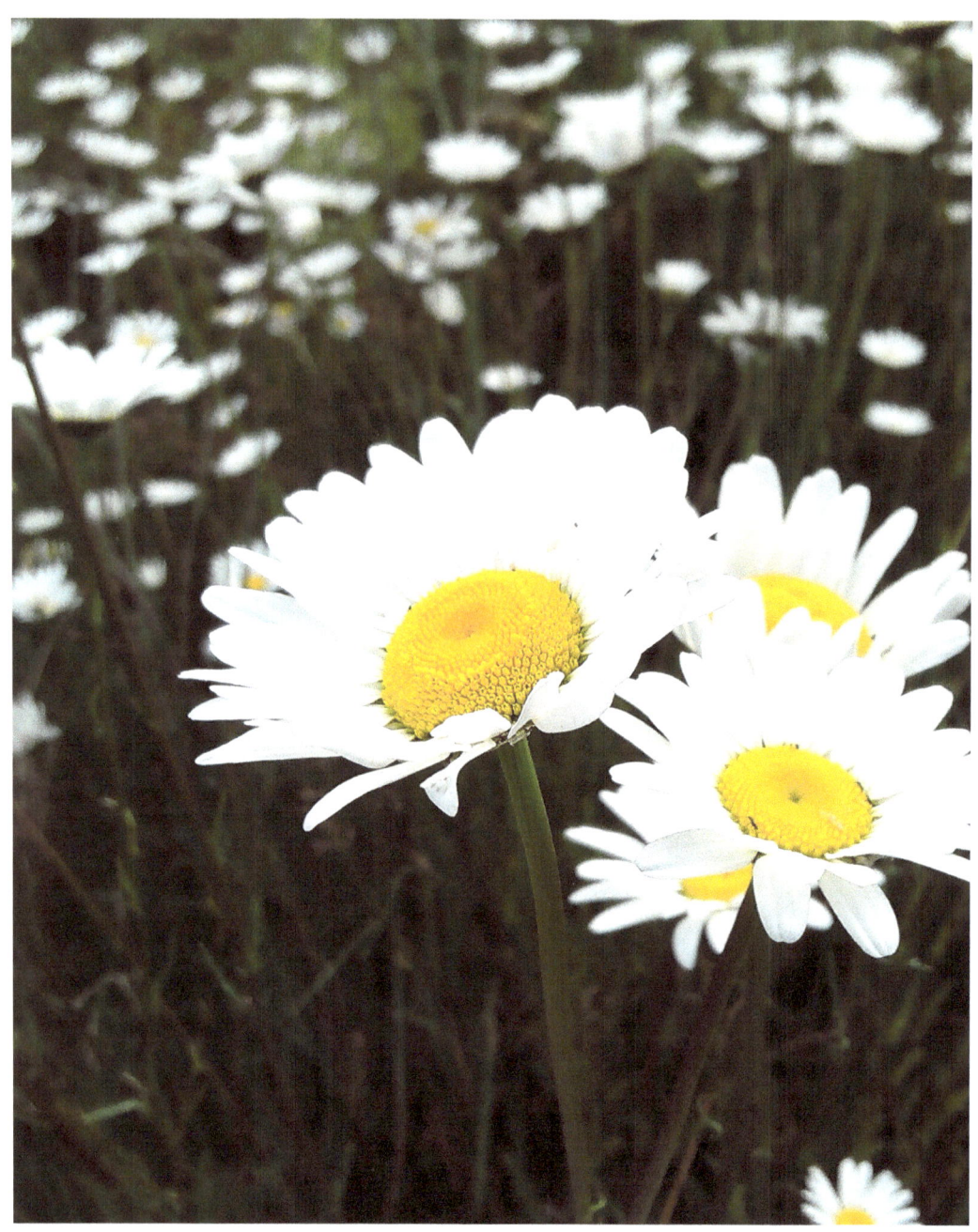

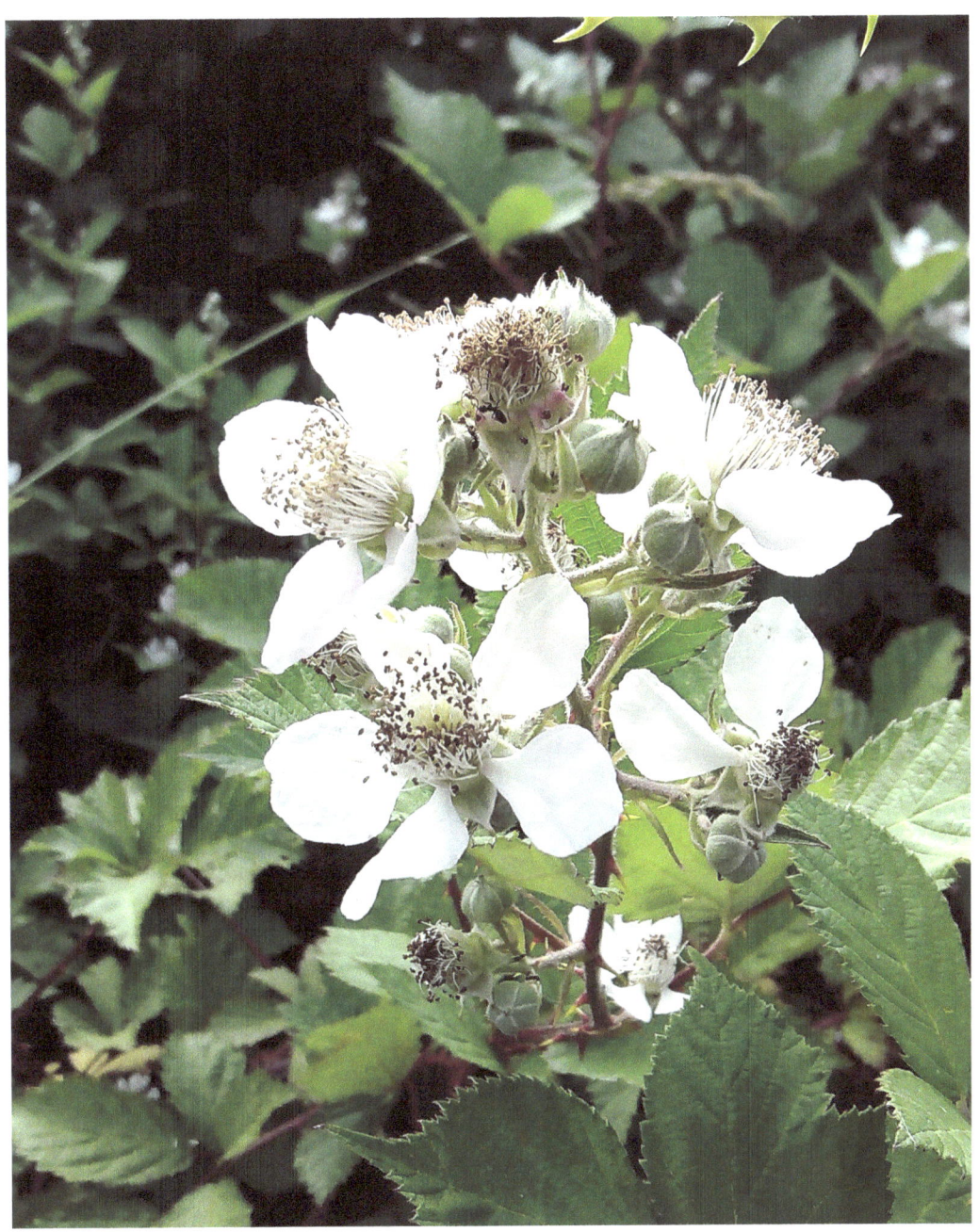

Nature Shot

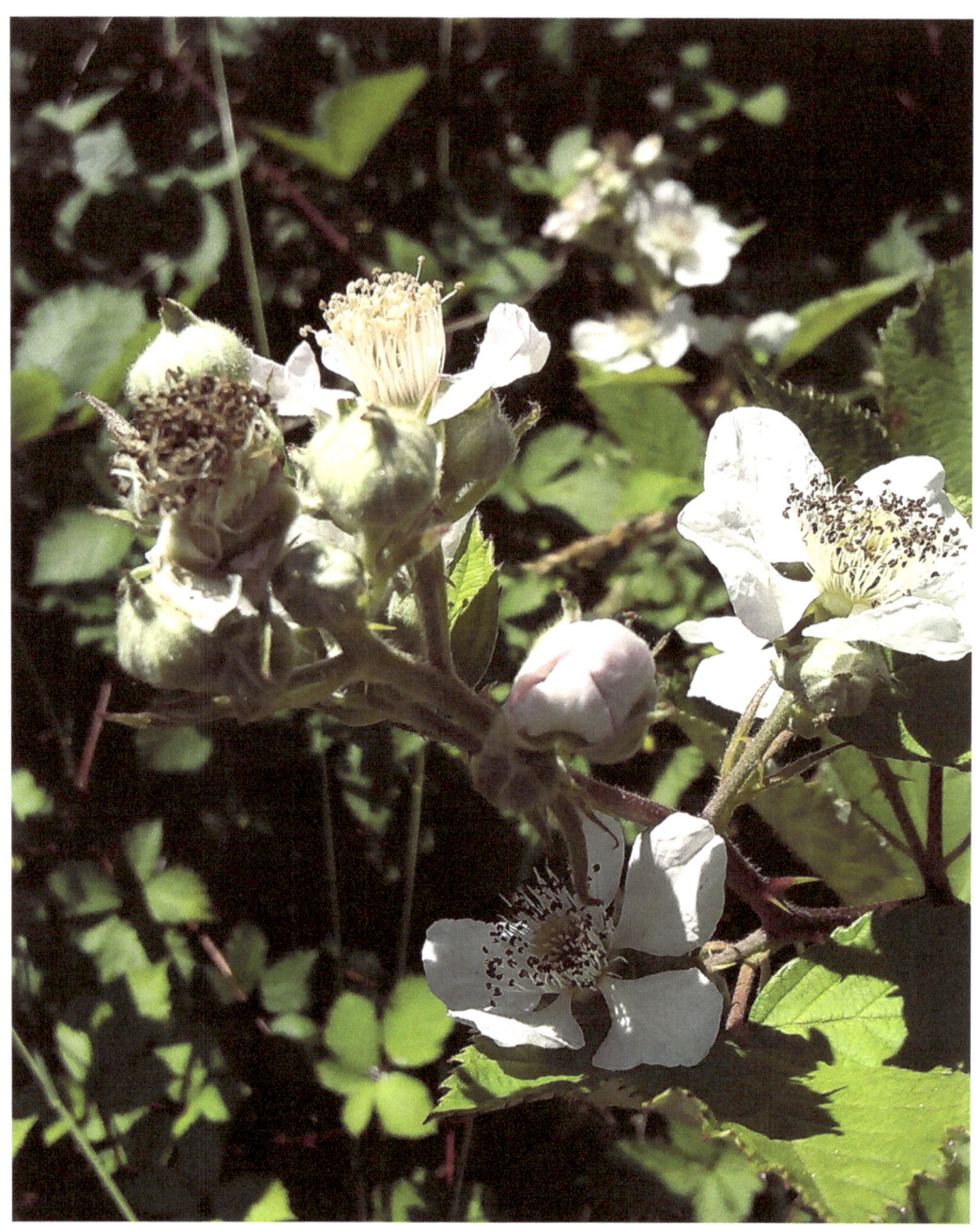

Nature Shot

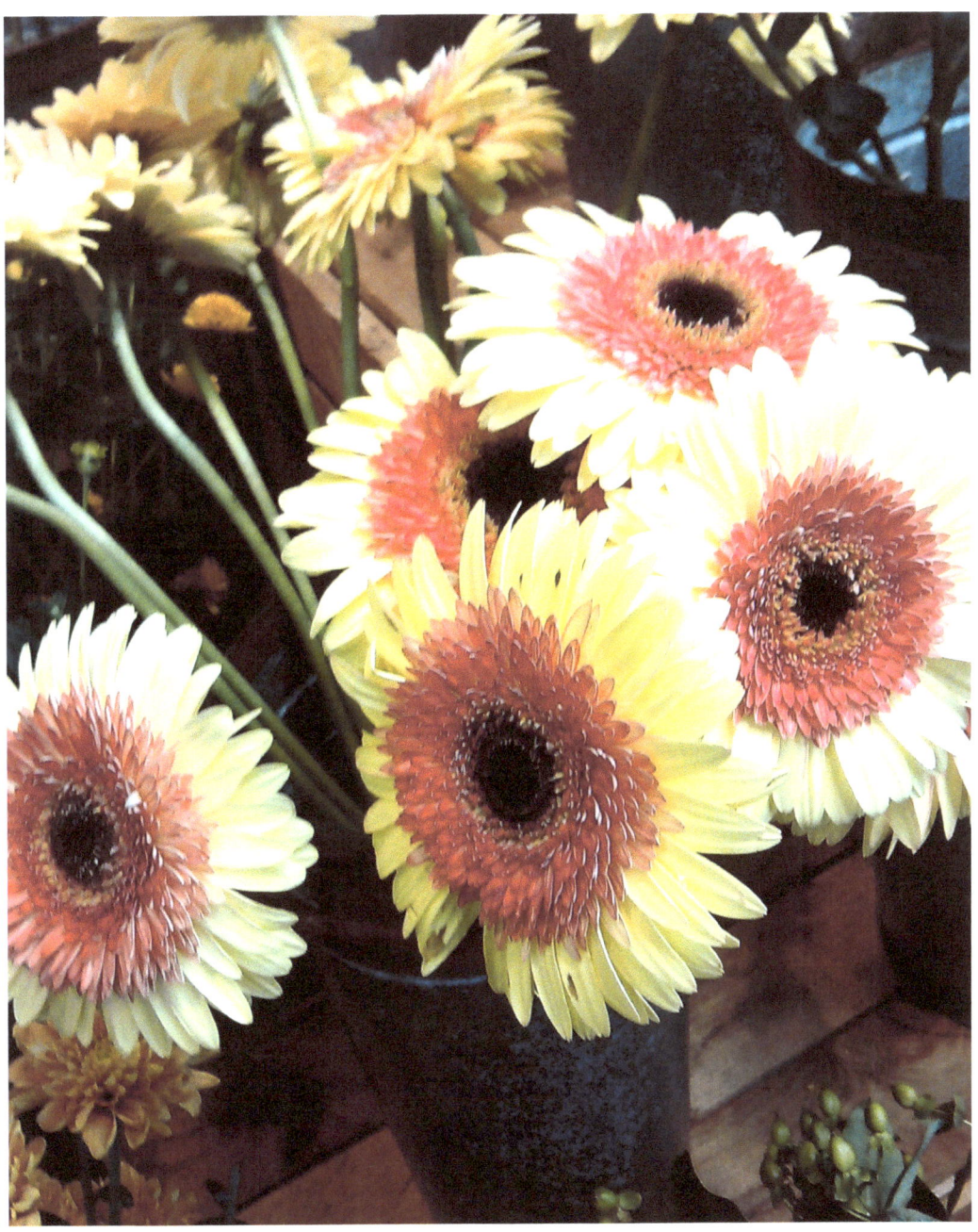

Nature Shot

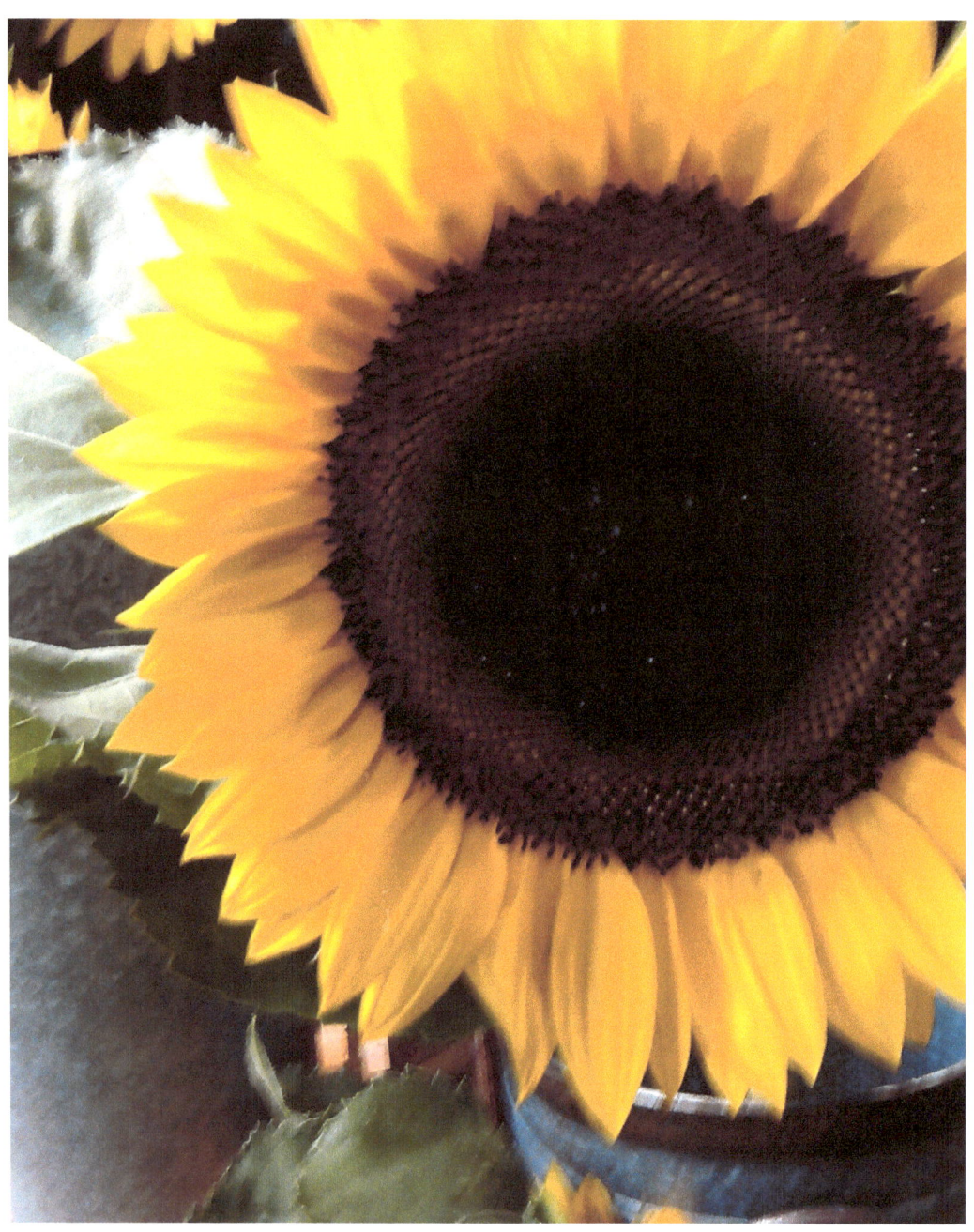

Nature Shot

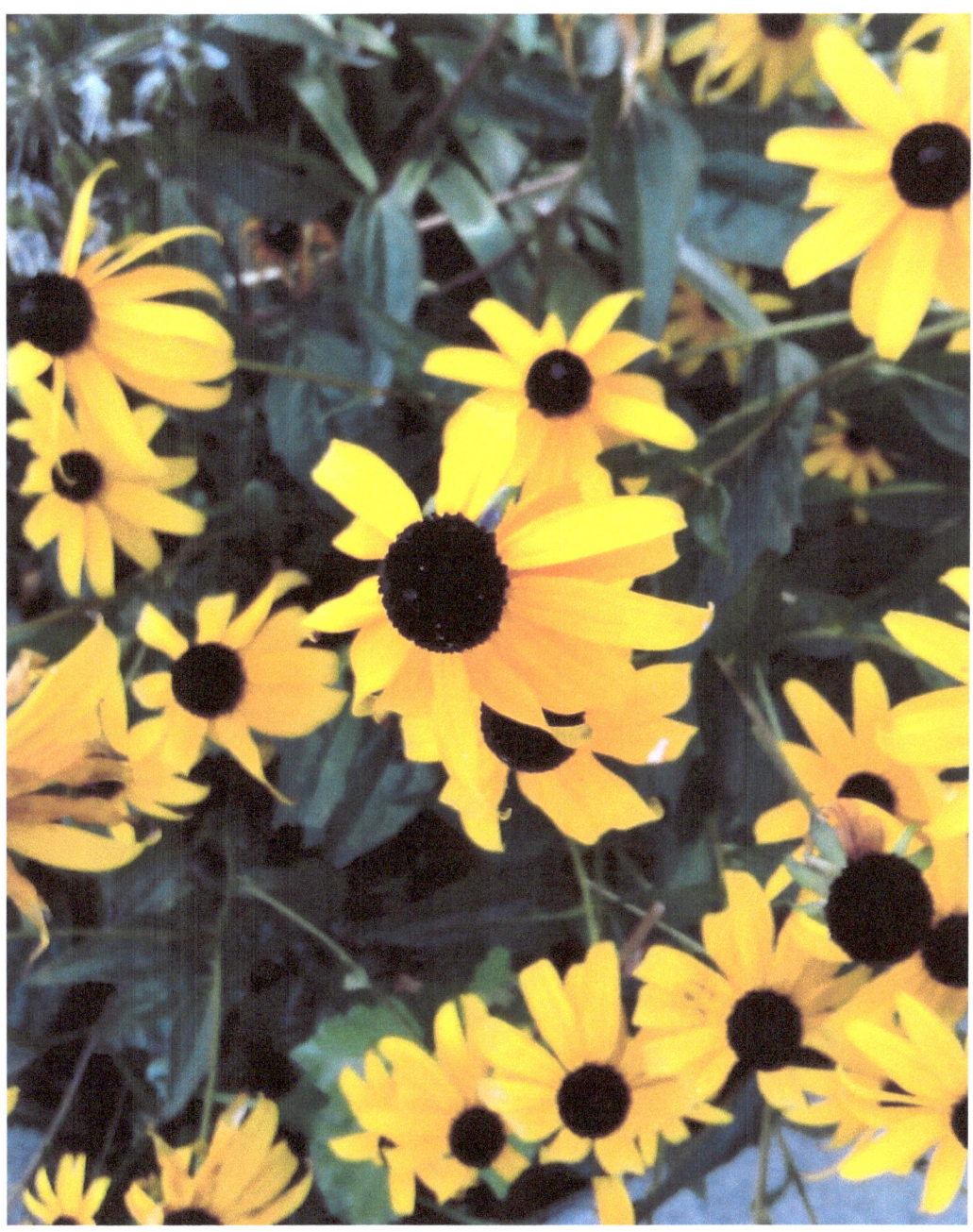

Nature Shot

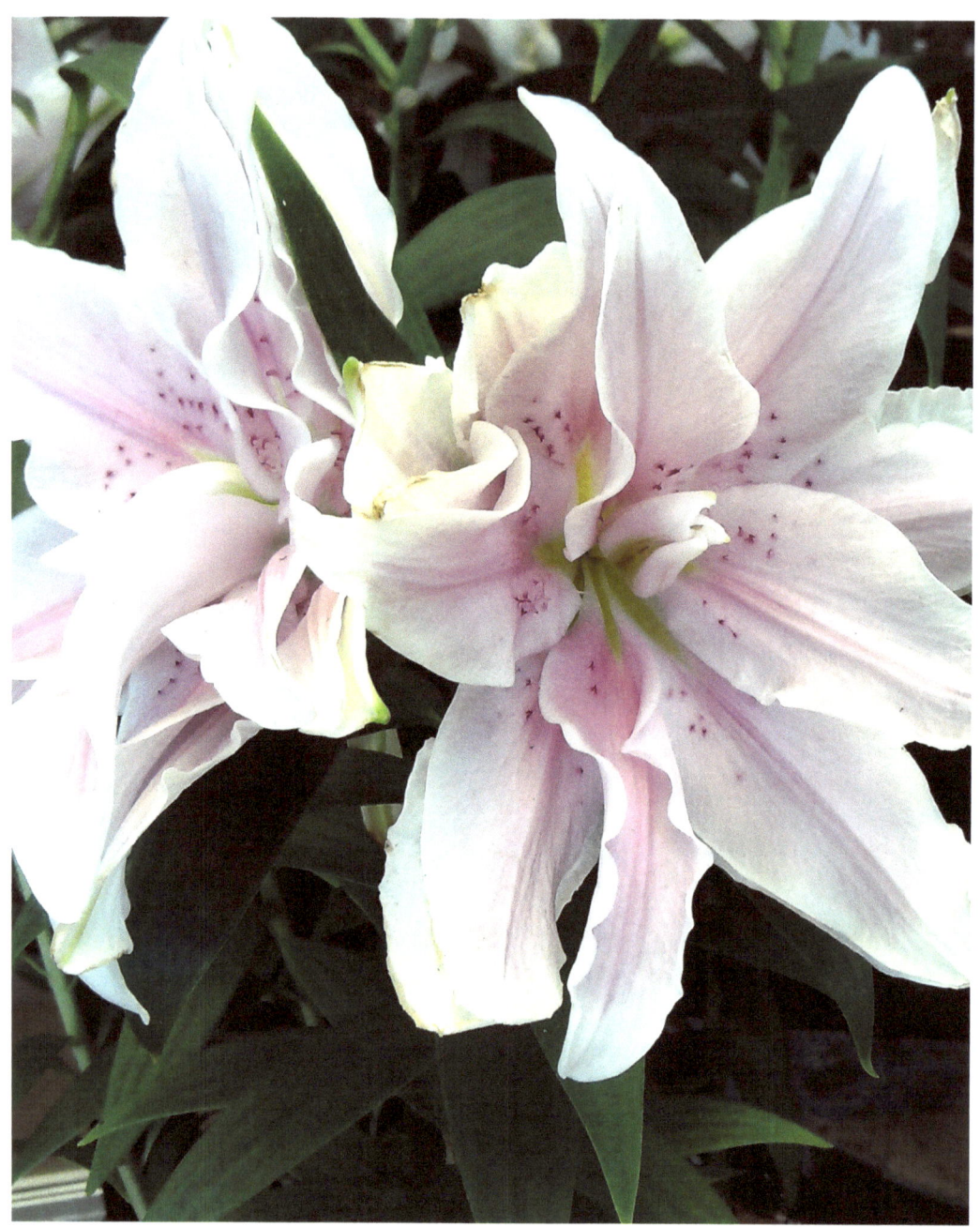

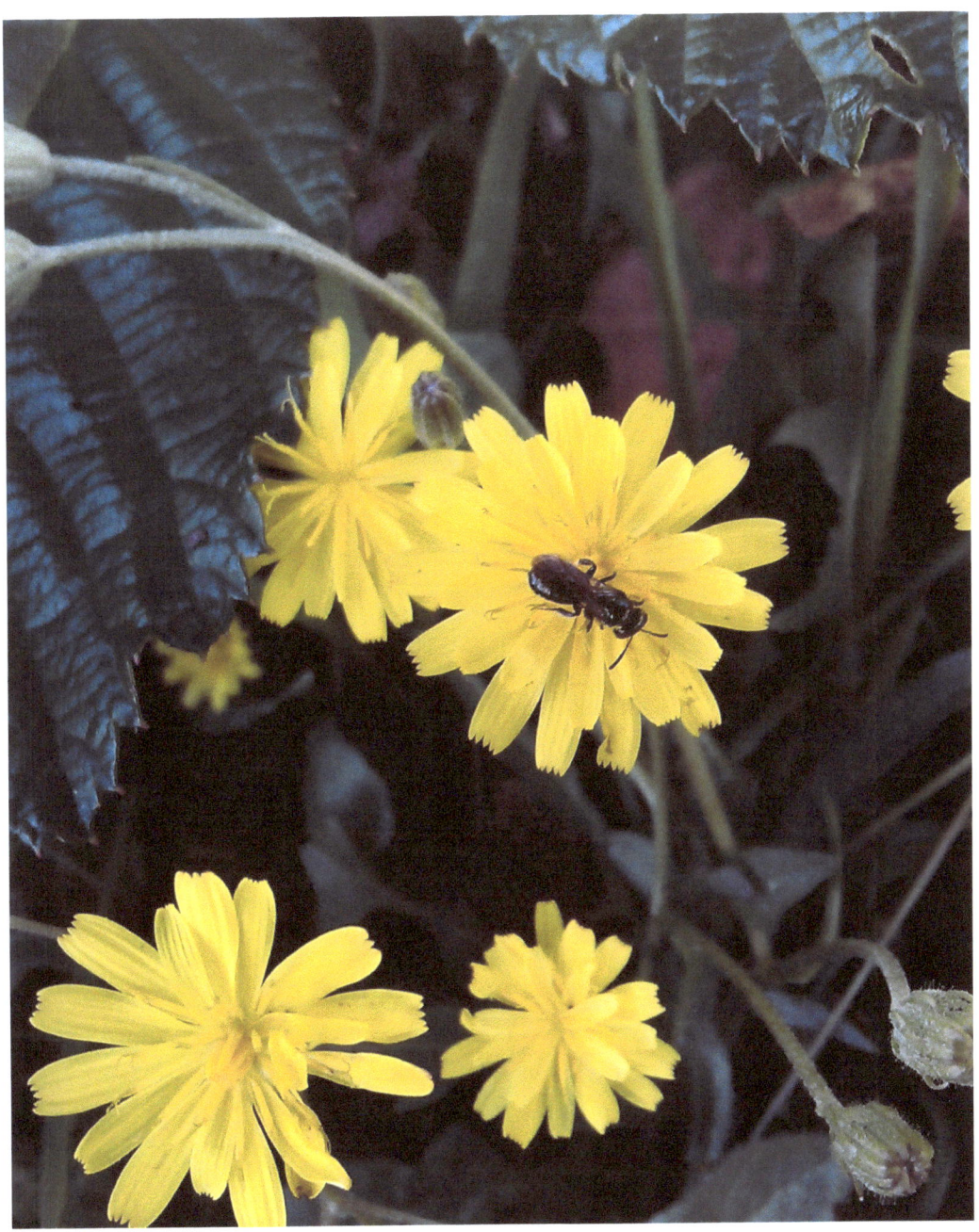

Nature Shot

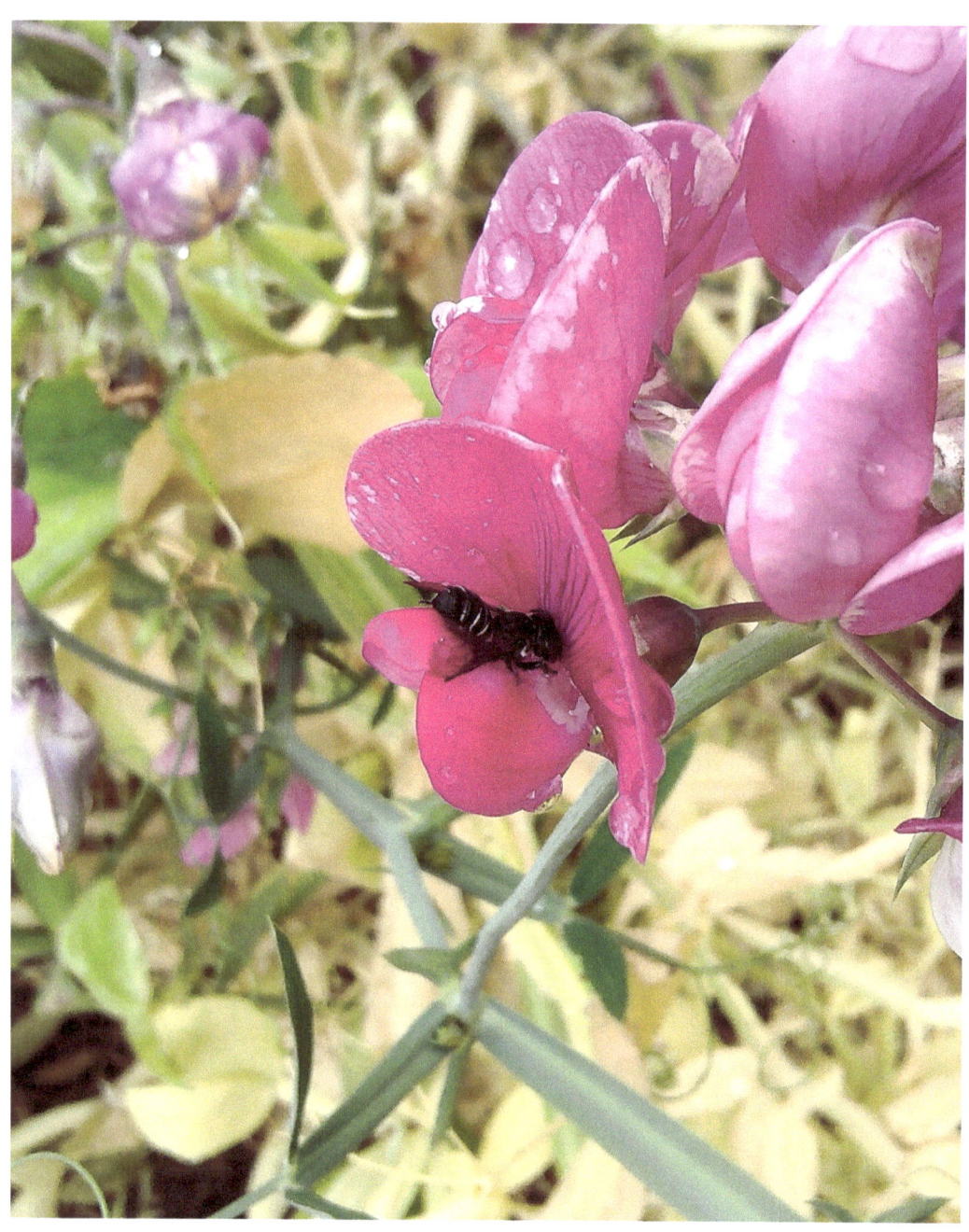